D.R. © Pedro Friedeberg. *Cats Of All Nations Unite!, 2021.*

Contemporánea

José Agustín (Acapulco, 1944 – Cuautla, 2024) fue narrador, dramaturgo, ensayista y guionista. Entre sus obras destacan *La tumba* (1964), *De perfil* (1966), *Inventando que sueño* (1968), *Se está haciendo tarde (final en laguna)* (1973), *El rey se acerca a su templo* (1976), *Ciudades desiertas* (1984), *Cerca del fuego* (1986), *La miel derramada* (1992), *La panza del Tepozteco* (1993), *La contracultura en México* (1996), *Vuelo sobre las profundidades* (2008), *Vida con mi viuda* (2004), *Armablanca* (2006), *Diario de brigadista* (2010) y la serie *Tragicomedia mexicana* (2013). Recibió, entre otros, el Premio de Narrativa Colima, el Premio Mazatlán de Literatura y el Premio Nacional de Ciencias y Artes en el área de Lingüística y Literatura.

José Agustín

Vuelo sobre las profundidades

Prólogo de
Guillermo Fadaneli

DEBOLS!LLO

Penguin
Random House
Grupo Editorial

Vuelo sobre las profundidades

Primera edición en Debolsillo: noviembre, 2024

D. R. © 2008, José Agustín
D. R. © Margarita Bermúdez Garza Ramos, por la titularidad de los derechos patrimoniales del autor

D. R. © 2024, derechos de edición mundiales en lengua castellana:
Penguin Random House Grupo Editorial, S. A. de C. V.
Blvd. Miguel de Cervantes Saavedra núm. 301, 1er piso,
colonia Granada, alcaldía Miguel Hidalgo, C. P. 11520,
Ciudad de México

penguinlibros.com

D. R. © 2024, Guillermo Fadanelli, por el prólogo

D. R. © por la obra gráfica de portada, Pedro Friedeberg Landsberg, *Cats Of All Nations Unite!*, 2021

Fotografía del autor: archivo familiar de José Agustín

ISBN: 978-607-382-415-6

Impreso en México – *Printed in Mexico*

Índice

Prólogo

EN BUSCA DE LA EXPERIENCIA SIMBÓLICA

Es una costumbre arraigada, en mi caso, evitar leer las introducciones o los prólogos de cualquier clase de libro. Una honrada justificación me acompañó durante mucho tiempo en este acto de aparente holgazanería. Deseaba evitarme preámbulos y entrar cuanto antes a la batalla de la lectura con el propósito de enfrentar, o más bien descubrir, armado de mis propios prejuicios, sumados a la razón indomable del gusto, el contenido de la imaginación extraña o emanada de quién sabe qué mentes desconocidas. Todos los escritores somos una isla. Jamás leo por entretenimiento ya que un murmullo inconsciente me dice que estoy perdiendo un tiempo de por sí ya extraviado. Los años mermaron mis salvajes deseos de autonomía y, en el andar de los años recientes, traicioné ese desplante romántico al convertirlo en cenizas volcánicas y ceñirme, según el peso específico del prólogo, a una lectura exhaustiva del libro: leía desde la hoja legal hasta el último y remoto punto de la última página. A fin de cuentas hacer antesala al contenido puro de una obra ya no me decepcionaba, siempre y cuando esta se presentara cómoda o confortable. De lo contrario, si el prólogo estaba mal escrito lo despreciaba para volver y acudir a los viejos hábitos que, bien mirados, jamás me han causado siquiera alguna llana vergüenza. Es posible que existan personas cuyo capital o riqueza consista tan sólo en abrevar de su viejos hábitos o manías.

Es probable que José Agustín consintiera en mis palabras puesto que, en su constante acoso a la autenticidad, hallaba o creaba una íntima confabulación entre sus escritores predilectos, sus obras fraternales y un entusiasmo que opacaba a los pesimismos o nihilismos más imponentes o brutales. *Vuelo sobre las profundidades* nos relata la experiencia literaria y personal de un escritor que se empeñó en la intimidación a los cánones, en la exploración de atmósferas alternativas a las comunes y en la nítida y torrencial narración de la vivencia. A la par de esta vivencia primitiva, de la búsqueda de túneles hacia realidades menos ruines o pacatas, se valió de la literatura para dar lugar a un bosque narrativo profuso y heterogéneo, pero siempre legítimo incluso en sus fobias o contrariedades. El malentendido común reza que José Agustín fue un rebelde entregado a los cánones de sus vísceras, pero tal bosquejo no es más que un ardid mitológico: su rebeldía es explícita y veraz, pero en las crónicas biográficas y entrelazadas que vienen a continuación, su erudición o, más bien, el conocimiento de sus impulsos literarios y de la obra de sus héroes estéticos y morales, desmienten el entuerto romántico que alrededor de la vitalidad de su narrativa han creado los sacerdotes o las almas ingenuas y hambrientas de rumores.

En este libro habrá que abandonar los templos creados por el trazo desbocado. Los avatares de un escritor joven que encuentra en Juan José Arreola a un muro perverso y a un río caudaloso al mismo tiempo, son narrados por José Agustín más allá de cualquier retórica veneración: "al hablar desperdiciaba la creatividad", escribe acerca de Arreola cuando este llevaba la batuta en su taller literario. Al viejo de terca cabellera e internado en el placer de los vinos y de la vocinglería erudita lo impresionó *La tumba*, y se inclinó por su publicación; el joven José Agustín se sorprendió, aceptó el halago y enardeció su escritura. No es un dislate sugerir que los talleres literarios son centros de amansamiento, de educación narrativa, pero también agencias de colocación. Las experiencias relatadas por José Agustín en su asistencia a diversos talleres literarios, cuando siendo joven acudió y solicitó becas en el Centro Mexicano de Escritores (fundado por Margaret Shedd y Alfonso Reyes, en 1951) desfilan aprisa de una manera tan a flor de piel y ausente de rencores fatales, que quienes luchan por el reconocimiento y la aceptación podrían ruborizarse. Esto último no exilia el reproche, la crítica o el escarnio. ¿Quién no se enferma cuando le niegan una beca que respaldará sus vocaciones? Es posible que un lector joven no reconozca los nombres o los libros de varios escritores mexicanos que le hicieron la vida nublada o ligera a nuestro escritor, pero comprenderán, hoy más que antes, lo difícil y arduo que resulta abrir un escueto sendero para transitar por la literatura en México. Al final de la lectura de este relato biográfico o suma de ensayos, y sostenido en el rigor referencial y en el afable y espontáneo estilo de José Agustín, uno se entromete dentro del avispero de una familia literaria que concede honores o veta impunemente obras de calidad. Yo, y lamento ser un meteco en este breve prólogo, solicité varias veces esa beca, la que otorgaba el Centro Mexicano de Escritores, la cual me fue negada en cuatro ocasiones, como marcan los cánones si se quiere apuntalar el genuino deseo de ser escritor. Para mi bienaventuranza una mujer me mantenía y depositaba las más necesarias y modestas viandas en la mesa.

Sobresale un hilo pervertido e inevitable que enlaza a los autores de quienes José Agustín escribe en *Vuelo sobre las profundidades*. En todos ellos florece ese impulso de realismo vivencial que se opone a las costumbres de la inmovilidad y la gazmoñería y que camina en sentido contrario a los caminos de una prudencia que lleva a la inanidad creativa. Ese hilo estético relaciona a J.D. Salinger, José Revueltas, Gustavo Sainz, la generación Beat y su romance con México, o a Carl Gustav Jung con libros como *Lolita*, de Vladimir Nabokov, o *Farabeuf*, de Salvador Elizondo. Incluso esa cínica tentación de ir a la contra pertrechado de sapiencia, información profusa y admiración, esa inclinación hacia la exploración del alma, de la filosofía implícita en las especulaciones acerca de la identidad y las mitologías orientales, lo aproximan a la ciencia ficción, en especial a Alfred Bester y a Philip K. Dick, a quien José Agustín describe como un *borderline*. "¿Qué es lo humano y quién lo simula?", se pregunta José Agustín, en vista de que una ciencia ficción poseedora de un valor de mayor envergadura es un serio juego alrededor de lo posible, de aquello que puede ser real a partir de ser pensado, y de una obsesión escéptica sobre la clase de entidad que es el ser humano. La experiencia que le dictó la lectura de sus autores preferidos la encontrarán expresada aquí en un tono cordial, amigable y fortalecido por referencias exhaustivas y pertinentes, según el caso. Se revela en este libro un deseo de invitación y confidencia que no habría que desperdiciar por tratarse del autor de *perfil* y *Se está haciendo tarde (final en laguna)*, obras que yo he leído varias veces para reconocer al joven que fui o he sido, al tiempo de reafirmar la certeza y fortuna de mis elecciones.

El indomable y mal encarado crítico literario, Edmund Wilson, quien desdeñaba a Kafka y disputó con Henry Miller y Vladimir Nabokov (el encono lo cita José Agustín) a causa de su *Lolita*, alababa, sin embargo, a D.H. Lawrence —*Crónica literaria*; Barral, 1972—, a causa de la libertad con la que encaraba los hechos sexuales valiéndose de un lenguaje malicioso y sicalíptico. Wilson escribe así sobre la obra del autor de *El Amante de Lady Chatterley*: "Su tema es de los más elevados: la autoafirmación y el triunfo de la vida entre las fauces de las potencias esterilizantes y desmoralizadoras; el industrialismo; la vacuidad física; y el cinismo característico de la sociedad inglesa moderna". José Agustín, desde sus primeras obras, ha hecho nacer una experiencia similar cuando se enfrenta a la convención y a la moral canónica. Y es a raíz de esta lid que en *Vuelo sobre las profundidades* se revela el conocimiento extraído de la aventura vivida leyendo a los escritores de quienes ensaya una visión personal y atenta, ya sea por medio de la autobiografía precoz o el relato de las pasiones de la mente y el cuerpo que se trascienden en la búsqueda de una experiencia vital y creativa: única. Cuando se refiere a sus lecturas de J.D. Salinger, José Agustín confiesa haber tenido la sensación y certeza de que leer sus libros había valido la pena; así relaciona dos obras de formación que yo tampoco logré evitar: *El guardián entre el centeno* y *Las aventuras de Huckleberry Finn*, de Mark Twain.

Añado varias líneas más para aludir al hecho de que José Agustín menciona la palabra *amor* cuando se refiere al sentimiento que el profesor de literatura Humbert Humbert profesa hacia la niña de doce años, Dolores Haze. Exenta de la enraizada pasión que le despiertan las *nínfulas*, la atracción que sufre este maduro profesor hacia *Lolita* se va transformando en un amor real, legítimo e indudable en cuanto a su esencia vital. Supongamos que un fervor así puede ser definido como una adicción del alma, e incluso ser situado históricamente, como lo hizo el escritor suizo, Denis de Rougemont, en *El amor y occidente*; lo que me parece notable en *Vuelo sobre las profundidades* es el enfrentamiento contra la corrección obscena que anida en las sociedades más enfermas y que se convierte en un lastre que lastima y opaca las expresiones artísticas desbocadas o indomables. Esta rebeldía implícita y honrada que habita los libros de José Agustín, que mantiene su gusto y se revela en sus autores más estimados, lo ha dotado de una personalidad literaria que se antoja necesaria, que es siempre acechante, insólita y cómplice de la libertad creativa.

GUILLERMO FADANELLI

Vuelo sobre las profundidades

A Leonora Ramírez-Kormandy

I

El taller literario de Juan José Arreola

A Rafael Rodríguez Castañeda

Los días se van, yo permanezco. En 1962 mi hermana Hilda tomó clases en la Escuela de Teatro del INBA y su maestro de declamación fue Juan José Arreola. Ella, dos años mayor que yo, entonces de diecinueve años, era una joven muy guapa, de pelo negro y grandes ojos, además de un cuerpazo. Con su carisma, personalidad y simpatía, estaba acostumbrada a que hicieran fila para verla. No había leído a Arreola, le impresionaba su don de la palabra, pero nada más. Así es que cuando el gran escritor empezó a hablarle por teléfono, no le dio gran importancia.

Pero yo me impresioné. Tenía poco de haber leído *Confabulario total*, un libro que me gustó, me incitó y me intrigó. Arreola, maestro de la ironía y artífice del lenguaje, lograba la *palabra justa* y con frecuencia la perfección. Él había introducido en México la idea del "texto literario", el escrito breve que no por fuerza tiene que "narrar" sino que puede ser anuncio, manual, instructivo, pensamientos, sueños, impresiones, imágenes, juegos literarios, parábolas, poemas en prosa o experimentos que llamaba "variaciones sintácticas", textos definitivamente técnicos, o "doxografías", el ejercicio de contar lo que otro escribió. Al parecer, Arreola prefería la fábula, o algo que él así llamaba y que implicaba también una "confabulación", variedad de complicidad que coqueteaba con la transgresión o, de plano, con la "asociación delictuosa".

Le pedí a mi hermana que me lo presentara. Hilda me llevó entonces a la clase de declamación. Arreola era flaquito, de baja estatura y etéreo, casi un espíritu puro o un personaje de cuento de hadas. Se parecía un poco a Harpo Marx. Con frecuencia usaba sacos de pana rigurosa y lorquianamente "gastados por la luna"; de plano, era diferente a los demás, con su cabellera encrespada, casi afro, la nariz de gancho y la mirada más inteligente, refulgente y traviesa que he visto en ojos algunos y que anunciaba un carisma fuera de serie. Yo lo consideraba un gran escritor y un viejo sabio, pero como él no se daba aires, y porque éramos unos culeros, mi hermana y yo confianzudamente le decíamos Carriola, Carroña o el Maistro Cabriolas. También *Il Vecchio Satiro*. A los diecisiete yo lo veía viejísimo, pero Arreola tenía entonces cuarenta y cuatro años de edad.

Por esas fechas, César H. Espinoza formó los Cafés Literarios de la Juventud. Yo era el "secretario general". Ahí también participaron Elsa Cross, René Avilés Fabila, Gerardo de la Torre y Alejandro Aura. César, alias Cesarache u Horacio Juván, un hombre muy movido, consiguió la planta alta del Café San José, frente al Salto del Agua, para armar lecturas, recitales, obras de teatro, mesas redondas y conferencias. Además, sin decir nada, llevó varios de nuestros textos a "México en la Cultura", el suplemento cultural de *Novedades*, del cual habían renunciado ruidosamente Fernando Benítez, Carlos Fuentes y el resto de la mafia poco antes. Publicar ahí, por tanto, aún se veía como una forma de esquirolaje. Al jefe de redacción, Gustavo Sainz, a quien yo ni conocía, le gustó mi cuento "La muela", que le llevó Cesarache, y un domingo lo publicó para mi sorpresa total. Al día siguiente tenía una cita con Arreola en su casa de Río de la Plata y lo invité a presidir el jurado de un concurso de declamación en la prepa siete. Arreola se acordaba de mí, no hizo ninguna referencia a mi hermana y me dijo que los concursos de declamación eran grotescos, que yo debería dejar esas tonterías y que mejor asistiera a su taller literario. El día anterior había leído mi cuentito en *Novedades* y no lo vio mal.

El taller literario de Juan José Arreola. Los integrantes de los Cafés Literarios y de la hoja literaria *Búsqueda*, que habíamos empezado a editar, entramos en montón al taller semanal de Juan José Arreola en Río de la Plata, colonia Cuauhtémoc. A veces éramos entre diez y quince asistentes, pero también se reunían más de cuarenta que difícilmente cabían en la sala. El maestro tenía fama de ayudar a los que empezaban, de ser un exquisito editor y su reputación literaria era indiscutible, de ahí lo enorme de su poder de convocatoria. El medio literario no lo quería por lo mal que se portó con Elena Poniatowska y porque siguió en el Centro Mexicano de Escritores cuando se fue Ramón Xirau. Pero eso no era como para exiliarlo de la República de las Letras, y menos aún para menospreciar su taller y decir que él, como ganadero, imprimía con fuego una marca en el lomo de sus alumnos, o sea, nos imponía su estilo y nosotros éramos sus bueyes. Eso era exactamente lo opuesto de lo que hacía. Arreola enseñaba a criticar las críticas que uno emite, a reconsiderar y a apreciar la objetividad del texto sin renunciar a la subjetividad ni al gusto personal; no imponía dogmas ni cánones, todo se valía si salía bien, *all is well that ends well,* se adaptaba a la naturaleza del material. En todo caso, ir con él en esa época no era adquirir acciones en la Bolsa de Valores Literarios.

El maestro aceptaba cuotas a quienes las ofrecían y no le cobraba a los que, como después dijo, éramos "becarios" sin saberlo. Se llevaban textos de prosa y poesía, teatro y, ocasionalmente, ensayo. Arreola decidía cuáles se atenderían y en qué orden. Algunos leían sus materiales, pero los más preferían que Arreola lo hiciera, pues al maestro, histrión innato, le encantaba; leía tan bien que hasta los textos más malos parecían buenos. Después de cada lectura se hacía una ronda de críticas y, al final, el maestro emitía su juicio, recomendaba textos afines y con frecuencia reflexionaba en torno a los temas con una belleza y profundidad que me dejaba pasmado. Amaba la literatura, pero, cuando venía al caso, hablaba de libros y autores sin pedantería ni ostentación; jamás se portó como el nuevo rico que presume sus posesiones. A Arreola le gustaba la idea de la literatura como un oficio; un taller, especialmente de carpintería, y escribir como hacer sillas o mesas, con talento, cultura, trabajo incesante y meticulosidad, algo aparentemente simple, creado por la necesidad, que podía transmutar el "oficio" en gran arte. No lo decía, pero, a juzgar por su caso, la inspiración contaba. Al hablar, a él al menos, ésta le llegaba más fácilmente, porque, con el *rapport* de un público, pequeño o enorme, muchas veces se transfiguraba, decía verdades iluminantes y nos hacía partícipes de su grandeza. La inspiración resultaba clave en él porque, como decía, lo llevaba más allá de sí mismo y le permitía "superar la estatura humana y alcanzar los confines de la eternidad". Después, especificaba: "Escribo poco porque vivo esperando esos momentos benditos." Bueno, eso sin duda era cierto, pero en alguna medida quizá también se debía a que al hablar despilfarraba su creatividad. Además, para escribir poco por lo general cuenta la pereza, la hueva, pregúntele a Avelino Pilongano, por lo que una presión puede ser útil. A veces hay que patear a la musa. Por ejemplo, el "amanuense" José Emilio Pacheco contó después que Arreola, para cumplir un contrato con su debido y ya gastado adelanto, le dictó de golpe los textos de *Bestiario* con la limpieza y exactitud de la palabra escrita y corregida.

Además de la invasión de la banda de los Cofis (Elsa, Aura, Cesarache, Andrés González Pagés, René, Gerardo, yo), al taller eran asiduos, al menos en la primera parte, Jorge Arturo Ojeda, Rafael Rodríguez Castañeda, Eduardo Rodríguez Solís, Leopoldo Ayala, Víctor Villela, Tita Valencia, Álex Olhovich, Guillermo Fernández, Federico Campbell, Arturo Guzmán, Carlos Garduño, Carlos Santa Ana y Antonio Leal. Más esporádicamente asistían José Carlos Becerra, Óscar Villegas, las hermanas Galindo y Hugo Hiriart. También señoras que no llegué a conocer bien, quienes seguramente pagaban y subsidiaban así a los "becarios" como yo. Arreola no discriminaba. A todos daba oportunidad y coordinaba el taller con pericia y sabiduría. Sin necesidad de decálogos, con informalidad pero con firmeza, procuraba que los participantes no se colgaran o que no dijéramos demasiadas tonterías. Evitaba las agresiones desproporcionadas, aunque apreciaba la ironía y los verdaderos debates. Casi siempre lograba ambientes agradables en las sesiones; todos estábamos a gusto, relajados y participantes.

Si de entrada los textos eran malísimos, tocaba la campana y suspendía la lectura. A mí me ocurrió un par de veces, sobre todo al principio, cuando de plano sólo me guiaba la intuición. "Párele", me dijo, "eso no sirve para nada." Me dolió, pero así, en cuestión de unos meses, pude hacer a un lado muchas ondas ingenuas, cursis y anacrónicas que aún cargaba, pues textualmente me hallaba en bruto. Escribía y leía mucho, eso sí, pero a veces era como un cazador que está alerta, dispuesto y bien armado, sólo que se ubicó en donde no hay nada que cazar. Me urgía un maestro. Ya había tenido a Guillermo Rousset y a Florencio Sánchez Cámara, pero ellos, infectados por el terrible virus de la técnica y de las ideologías, por ver los árboles se perdían el bosque. A Arreola, más sabio, más abierto, le apasionaba la técnica, pero en la proporción correcta.

Mejor le di a leer mi novela *La tumba*, que había escrito antes de alfabetizar en Cuba. Él aceptó el texto y durante un buen tiempo no me dijo nada. Yo, por supuesto, jamás lo presioné. En cambio, empecé a mejorar. A fines de 1963 escribí un cuentito, en primera persona y franco lenguaje coloquial, sobre un repugnante porro universitario que hacía funciones mercenarias de rompehuelgas. Tenía el horrendo titulo de "El Nicolás" y para mí era importante porque me había abierto toda una temática, personajes y un nuevo uso del lenguaje. Arreola dijo que el texto se redondeaba bien y que el lenguaje se manejaba adecuadamente, se trataba de un buen cuento, pero como él detestaba a ese tipo de jóvenes abusivos mi lectura lo había disgustado. Yo no me sentí mal; en el fondo me impresionó que reconociera el valor del cuento a pesar de que le disgustaba.

Para entonces yo escribía como siempre, o sea: como loco y a la menor provocación. Una vez estaba en un café al aire libre del Paseo de la Reforma y vi que, en las paredes del cine Diana, instalaban una inmensa fotografía del entonces candidato a la presidencia Gustavo Díaz Ordaz. A don Gustavito le decían el Mandril por sus facciones simiescas, no agraviando las de su inseguro narrador; su foto era una invitación a la pesadilla, por lo cual escribí un textito sobre un chavo drogadicto que ya había probado todo y que acababa inyectándose, en el lóbulo de la oreja, la droga más letal, la temible cacahuamina. A mi pobre personaje le tocaba ver la elevación del inmenso retrato del futuro presidente cuando se hallaba en el momento más alto de su pasón. No pudo soportar el horror y un ataque lo fulminó. Escribí este texto en un instante y en un tono muy *cool*. Le puse "Vía Refórmeto", porque, para esas fechas, mi cuerpo se hallaba en el Defectuoso pero yo me sentía en la Vía Veneto, cual lánguido personaje de *La dolce vita*. Por supuesto, "Vía Refórmeto" era una jaladota y no le di la menor importancia, ni siquiera lo firmé cuando lo pasé a máquina por puro hábito. Sin embargo, el textículo se traspaleló entre los que planeaba leer en el taller y, de pronto, por error, estaba en manos de Arreola. Distraído, hasta después de un rato comprendí que el maestro había preguntado de quién era "Vía Refórmeto", y como nadie se lo adjudicó, dijo entonces que nos hallábamos ante una espléndida oportunidad para hacer una crítica libre. Él mismo lo leyó y, para mi absoluta sorpresa, desde el principio todos se rieron, antecediendo un final de carcajadas unánimes. "¿De quién es?", preguntaba Arreola, y yo, regocijado, quise exprimir el momento al máximo y prolongar el misterio para ver qué más decían.

Un pendejo planteó entonces que el texto era de Arreola y que lo había presentado anónimamente para calarnos, "es de usted, maestro, no se haga", decía. "¡No, no! ¡De ninguna manera!", exclamó el pobre Arreola, horrorizado, por lo que tuve que reconocer que el texto era mío, lo cual resultó espantosamente anticlimático.

El 19 de agosto de 1963, día de mi décimonoveno cumpleaños, Arreola me hizo el regalo más maravilloso que he recibido en mi vida. Ya había leído *La tumba*. "Es usted un escritor", me dijo. "Considérese usted un escritor. Su novela es muy publicable y yo la voy a editar." No sólo se trataba del regalo de cumpleaños más extraordinario de mi vida, sino que no comprendía cómo, conscientemente, jamás tuve en cuenta que Arreola era uno de los editores más finos y exquisitos del país, por lo que me podía publicar, como a Fuentes, Pacheco, Poniatowska, Elizondo, Del Paso. Por si fuera poco, adujo que el texto requería trabajarse y durante casi medio año me dedicó largas y maravillosas sesiones personales, semanales, en su casa, para limpiar *La tumba*. A veces los dos revisábamos el texto sobre la mesa y en otras ocasiones él se tumbaba en un catre y me pedía que le leyera. Así corregimos palabra por palabra, línea por línea, coma por coma. Arreola me sugería infinidad de posibilidades, pero siempre desde dentro de la novela. Se adaptaba a ella para limpiarla y mejorarla. Cuando *La tumba* estuvo lista, él mismo leyó el primer capítulo en una sesión y el taller aprobó su publicación. Sólo José Carlos Becerra salió con que se trataba de un libro comercial, como los de Françoise Sagan o Pamela Moore, pero Arreola defendió *La tumba* con tal firmeza que Becerra mejor se retrajo y yo no tuve que decir nada.

En 1964 el taller ya estaba listo para tener una revista literaria y el maestro piloteó la edición de *Mester,* publicación sobria y elegante que se imprimía en la Imprenta Casas. Era "la revista del taller literario de Juan José Arreola", que poco después se amplió a Ediciones Mester. Yo publiqué, en el tercer número, un par de textitos "arreoleanos"; uno sobre ratones de biblioteca que sólo roían libros de los clásicos latinos y otro cuyos tecnicismos aludían a las pastillas anticonceptivas, que acababan de aparecer, y a la cuestión de tener hijos. Arreola creyó que mi esposa Margarita y yo íbamos a ser padres y se alegró mucho, tuve que aclararle, con pena, que para nada pensábamos en procrear en esos momentos. También publiqué, en el número seis, mi primer "escándalo" literario, el cuento "Los negocios del señor Gilberto", que trataba sobre mi ilustre ex maestro Guillermo Rousset, filólogo, traductor de Ezra Pound y Bertolt Brecht, quien para entonces era un líder comunista de tiempo completo.

El grano no muere. El taller literario conocido como Mester duró hasta 1965. Para entonces nos habíamos ido a un pequeño auditorio de la OPIC en Avenida Juárez, donde tocaba el clavecín Tita Valencia, la novia en turno del maestro, a quien ella después le dedicó su primera novela, *Minotauromaquia.* Supongo que al dejar la casa de Río de la Plata el taller inició su decadencia, extinguiéndose poco después, aunque la revista sobrevivió un tiempo más. Mester fue el último de los talleres de la vieja guardia y el primero de los que vendrían después, por eso se dice, con justicia, que Arreola es el auténtico padre de las escuelas de escritura en México.

Después del taller de Arreola, en 1966, la suerte me favoreció casi mágicamente, y entonces, de lo más tranquilo, incurrí en el parricidio. En unas declaraciones de banqueta, Gustavo Sainz y yo nos lanzamos como fieras, gratuitamente, contra Rulfo, Arreola y el Centro Mexicano de Escritores. Rulfo nunca me lo perdonó y siempre habló pestes de Sainz, Vicente Leñero y de mí. Arreola, sin duda dolido, no me hizo reproches y hasta me dio una oportunidad para limpiar la ofensa, cuando en 1967 me eligió para entrevistarlo públicamente en el Museo de la Ciudad de México. Yo, oh, inconsciencia juvenil, en vez de corregir me pasé de irreverente y "desmitificador", me metí con su vida privada, con sus amoríos con las alumnas y con su familia, en fin, puro chisme extraliterario. El maestro aguantó y, como era de naturaleza confesional, no evadió ninguna pregunta, aunque toreó las necesarias, cuando bien pudo mandarme al carajo. Con el tiempo me arrepentí y le dediqué mi novela *La tumba*, cuando ésta pasó de Novaro a Grijalbo. También le dediqué la primera parte de mi autobiografía, "Quién soy, dónde estoy, qué me dieron".

En 1977 fui a verlo a su casa, entonces en Moras, colonia del Valle, para darle los libros que le había dedicado. Él ya era una estrella de la televisión y la hermana del presidente, Marranita López Portillo, mejor conocida como la Pésima Musa, lo apapachaba. Le di los libros y el maestro los aceptó con mucho cariño, pues no había cultivado rencores. "Ya dijo lo que tenía que decir", comentó, y luego añadió: "Usted y yo jamás nos hemos tomado una copa, ¿verdad?" "Pues no por falta de ganas, maestro", respondí. Arreola nunca había querido beber conmigo. Una vez él y yo participamos en unas mesas redondas "acumulativas" que Alexandro Jodorowski armó en la UNAM, con acompañamiento musical de Javier Bátiz y con Ofelia Medina de bailarina a gogó. Fue un relajazo. Juan José Gurrola sacó su anforita y procedió a beber de ella frente de todo mundo. Mi maestro, más discreto, extrajo su pacha coñaquera, se hundió en la silla, se cubrió con un fólder y empezó a darse sus fajos. "Pásela, maestro", le dije yo, que estaba a su lado. "No no no, usted está muy chico", me respondió. Esa vez acabamos bailando sobre la mesa de honor, que tenía el escudo de la Universidad, lo cual fue muy mal visto.

Por tanto, en 1977 Arreola me dio "la mayoría de edad" bebiendo conmigo. Para entonces ganaba mucho dinero, así es que le sobraba el alcohol de buena calidad y procedió a darme una lección más. Subimos a su estudio y primero sacó botellas de vino rojo y blanco. Textualmente, fue una degustación porque abría una, nos tomábamos una copa y descorchaba otra, mientras hojeábamos bellos libros de enología. Después vinieron las champañas y acabamos con los coñacs *âge inconnue*. Eran las tres de la mañana y a esa hora don Juan José tenía grabación en el Canal 13. Ya había llegado el chofer que lo llevaría a los estudios. Se puso su capa, un sombrerito tirolés y un traje finísimo. Estaba entero y así se fue a trabajar, mientras yo salía prácticamente a gatas.

A partir de entonces estuve relativamente cerca de él y nos tocó viajar juntos a diversas partes de México y el extranjero, a donde siempre lo acompañaba Claudia, la menor de sus hijas, al igual que Fuensanta y Orso, que son de mi generación y a quienes en cierta forma veo como hermanos. Fui testigo cuando el maestro, en Bogotá, lució los poderes de su memoria y su cultura declamando poesía colombiana del siglo XIX que ninguno de los colombianos presentes conocía. También le rendimos un homenaje muy cálido en Bruselas, cuando el Festival Europalia, aunque tuvimos que pararlo en seco porque atacó infundadamente a varios autores recientes pues éstos tenían mucho éxito. Arreola seguía la máxima: "Libro que llega a segunda edición es sospechoso de comercialismo." Pero él, aunque nunca fue un bestseller, ciertamente le sacó una buena lana a los editores.

En 1998, poco antes de su octogésimo cumpleaños, se le dedicó un homenaje en el ex convento del Carmen de Guadalajara. A mí me correspondió hablar después de Juan Domingo Argüelles y Jorge von Ziegler. Arreola bebía tanto del vino rojo que tenía en una mano como del blanco que tenía en la otra. Ya tenía tiempo viviendo en Jalisco y llegó en silla de ruedas al homenaje. Al final, la voz apenas le salió y sólo repitió, varias veces: "El grano no muere", que, creo, es un verso de Valéry. Habíamos quedado de comer al día siguiente, pero Orso canceló la cita porque su padre se había agravado. Se hallaba inconsciente, así pasó varios años hasta que murió en el principio del nuevo eón.

Arreola me amplió el mundo a través de sus críticas elegantes a la ciencia, la tecnología, la publicidad, el cine, la prensa, la mercadotecnia. Fue maestro de la invención, la inteligencia, el humor y el ingenio, pero también jinete de la imaginación que domó a la loca de la casa destilando la escritura. Arreola jugaba con la literatura y la sometía a experimentos de laboratorio, como buen Virgo, y aunque le importaba lo aparentemente insignificante ("Carta a un zapatero que compuso mal unos zapatos"), en realidad sus temas eran el amor, la mujer, el dolor, el humor, los sueños, la muerte, Dios, el diablo, la tecnología, la ciencia, la antroporformización de los animales o la animalidad del ser humano. El texto corto fue su espacio por excelencia y repetidas veces logró la perfección; no sólo escribió varios de los más valiosos de la lengua castellana sino que, incluso, elaboró su única y excelente novela, *La feria*, a base de pequeños textos autónomos; la unidad a través de la diversidad.

Siempre quise y admiré a Juan José Arreola, pero sólo con el tiempo fui plenamente consciente de su estatura. A fin de cuentas una gran suerte, o mi buen karma, me llevó con esa doxografía con saco de pana, un hombre transparente y a la vez indescifrable. Arreola se halla tan dentro de mí que me cuesta ubicarlo en el sitio que le corresponde. Pero igual me ocurre con mi padre.

Magazzine, 2002.

El Centro Mexicano de Escritores

A Martha Domínguez

En 1964 me moría de ganas de tener una beca del Centro Mexicano de Escritores. Por ahí habían pasado casi todos Los Grandes: Rulfo, Arreola, Fuentes, Carballido, Magaña, Rosario Castellanos, Leñero, Bonifaz, Sabines... Era algo decisivo para un escritor joven y la carta de ciudadanía de la República de las Letras.

Entonces participaba en el taller literario de Juan José Arreola, mejor conocido como Mester, y me pareció razonable y plausible aspirar a las becas del CME, en gran medida porque nuestro maestro era Gran Elector, junto con Juan Rulfo, Francisco Monterde y Felipe García Beraza, cabeza virtual del CME. Todos los de Mester pedimos la beca desde 1964. Por supuesto, Arreola no prometía nada, pero tampoco desalentaba. Me apoyé en mi manuscrito de *La tumba*, que estaba en proceso de edición, incluso incluí las galeras, y mi plan de trabajo consistió en escribir una novela que finalmente se llamaría *De perfil*, aunque entonces era *Espejo en llamas*. Hasta donde sé, porque puedo estar equivocado, ese año se becó a varios compas y cuando llegó mi proyecto Rulfo lo vetó porque "ya eran muchas becas para los de Mester". Ni hablar, pensé, hay que hacer cola. Un año después, 1965, me formé disciplinadamente de nuevo, con *La tumba* ya publicada y con *De perfil* enfilada para editarse en Joaquín Mortiz. Mi nuevo proyecto consistía en escribir la novela *Dos horas de sol*, la cual, por cierto, publiqué treinta años después en una versión diferentísima. Pero Rulfo volvió a vetarme, "ya son muchos de Arreola", dijo. Cierto o no, me indigné. Me parecían chingaderas que me descalificara dos veces por las mismas razones extraliterarias.

En febrero de 1966, antes de cumplir veintidós años, ya me habían pedido escribir mi autobiografía para la serie de narradores menores de treinta y cinco años de edad, junto a Elizondo, Sainz, Monsiváis, Leñero, García Ponce y Pitol. Joaquín Mortiz me contrató *De perfil* cuando aún no la concluía, sin leerla siquiera, no pasó por dictámenes ni correcciones y se fue directo a la imprenta. *La tumba* se reeditó, en mayo, en una edición de cinco mil ejemplares que tuvo mucho éxito. Yo trabajaba con mi cuatazo Gustavo Sainz, entonces en el candelero por su novela *Gazapo*. Una vez Antonio Estrada, de la revista *Gente,* nos encontró en la calle y nos hizo una entrevista banquetera. Sainz y yo, en plan "muy maldito", criticamos durísimo a Rulfo y a Arreola; no eran vacas sagradas sino bestias peludas, obsoletas y anacrónicas. Su onda estaba bien para ellos, pero la cerraron, muy bien, además, y había que hacer cosas distintas. Sainz los atacó *just for the sake of it*, por puro ejercicio iconoclasta, y yo me metí con Arreola como parricidio inconsciente, además de que me dolía que siempre echara por delante a otros mesteristas, lo que permitía a Rulfo cerrar la ventanilla justo cuando yo llegaba. De pasada, bien ardido y ya metido en gastos, también despotriqué visceralmente contra el Centro de Escritores. La entrevista causó un escandalito literario, aunque la publicación no era popular, y Rulfo tuvo que torearla en una entrevista en *Excelsior*, en la que, para mi sorpresa total, en un tono muy ambiguo, decía que *La tumba* era "una obra extraordinaria que derrumbaría el pasado". Yo siempre pensé en sarcasmos mal expresados, pero, en cualquier caso, a los pocos días me habló Felipe García Beraza, quien, decente y correctísimo, dijo que me equivocaba en mis apreciaciones y que pidiera la beca otra vez. Lo hice, claro. Y mágicamente me la dieron para 1966-67.

Los coordinadores, "tutores" dirían ahora, Rulfo, Arreola y Monterde, tratarían de auxiliar a los becarios Salvador Elizondo, que repetía (sólo él y, creo, Homero Aridjis, tuvieron dos veces la beca), Julieta Campos, Amparo Dávila y dos poetas: Víctor de la Rosa, joven potosino, más apocado que modesto, y la guatemalteca Isabel Ruano, una chavita ultradark de veintiún años que en una fiesta le cortó la lengua de una mordida al cuate que la besaba. La corrieron del país y ya no siguió en el Centro. Yo había pedido, otra vez, la beca de novela, pero, como se la dieron a Elizondo y a Julieta, me tocó la de cuento, con Amparo Dávila. Le dije entonces a García Beraza y a Martha Domínguez que, de cualquier manera, yo iba a trabajar y presentar mi noveluca *Dos horas de sol*, la cual trabajé durante todo el año becal. En aquel momento nadie presentó objeciones.

Amparo Dávila me pareció un amor de señora, tan esotérica que parecía flotar; comentaba las lecturas con dulzura y un aire entre poético y medio ido. Parecía, a veces, como la mamá de

Miroslava en *Escuela de vagabundos*. A Julieta la había conocido un año antes, cuando la entrevisté para el Diorama de la Cultura sobre *Muerte por agua*, su *nouveau roman des tropiques*. Ella era mucho más intelectual y estaba casada con Enrique González Pedrero, cuyo hermano Beto, o el Jorongo Cañador, era la oveja negra rocanrolera y, claro, cuate mío. En 1965 también entrevisté a Elizondo sobre *Farabeuf,* que me había deslumbrado; además, aunque nunca lo recordó, durante un tiempo fue mi maestro de guión en el CUEC. El Chato Elishongos me caía súper bien, aunque como maestro era difuso y, como escritor, muy excluyente, pues descalificaba lo que no coincidía con sus ideas. A mí me condenó desde el primer momento en que leí uno de mis textos. "Tú deberías irte a Estados Unidos", sentenció, supongo que por el "realismo", lo directo y dialogal, antípodas de lo que él escribía, entonces *El Hipogeo Secreto*, una vuelta de tuerca mucho más forzada y retorcida de *Farabeuf* que a través de lo arquitectónico añadía el tema de la escritura dentro de la escritura. Para mí, lo que en *Farabeuf* salió muy bien en el *Hipogeo* era puro consentirse sin ninguna noción de rigor, por lo que me resultaba aburridísimo. "Tú deberías irte a escribir a Francia", le dije.

Quedó claro que en plan de descalificaciones nos perfilábamos hacia un año de conflictos, pleitos inútiles y golpes bajos, por lo que se estableció un acuerdo tácito de soportarnos mutuamente. Ni yo critiqué los alucines de Amparo ni el *nouveau roman* de Julieta ni la escritura-metaficción del Chato Eliseta s, ni ellos se metieron conmigo. Por alguna razón, esto se extendió a Rulfo y a Arreola, que siempre se vieron muy comedidos, moderados y moderadores. Monterde no contaba, pues él sólo sonreía plácidamente y sus observaciones eran pura lengua ("se suerbe en la nariz, se entra en la casa y se frunce el entrecejo"). El que se jodió entonces fue Víctor de la Rosa, quien se volvió *punching bag*. El pobre hacía todo lo que le decíamos y en cada lectura nuestras las indicaciones eran distintas, así es que pasó de las rimas al verso libre, de los caligramas al surrealismo, de la poesía concreta a la beatnadaísta y de ahí a las rimas de nuevo. Quién sabe por qué le dieron la beca, pero, fuera de la lana, su buena suerte se revirtió por nuestra pipa de la paz, de la cual no le dimos ni siquiera "las tres".

Por otra parte, Arreola estaba sentido conmigo por mis irracionales ataques, pero nunca lo mostró porque, creo, me quería y comprendía ("usted dijo lo que tenía que decir", concluyó después). Rulfo me detestaba por esas mismas críticas devastadoras en *Gente* y por el uso que hice, más bien grosero, sin aviso y descontextualizado, de sus declaraciones a *Excélsior*. Pero no se atrevía a reclamarme o a recriminarme directamente. Eso sí, en sus giras latinoamericanas alertaba contra la "invasión de los búfalos", Sainz, Leñero y yo, quienes "destruiríamos la literatura mexicana". Una vez, en Panamá, ya afinaba su filípica en mi contra cuando el embajador, ¡que era mi tío!, me mencionó en su intervención, por lo que esa vez fui elogiado por el Sayulo.

El pacto no escrito de no agresión a la larga resultó positivo, nos relajamos y pudimos disfrutar más las reuniones, en las que siempre había temas interesantísimos en torno a la naturaleza de los textos y la concepción de la literatura implícita en ellos. Como no competíamos, nos podíamos expresar. Rulfo no decía nada, Arreola se inspiraba con frecuencia y entonces no importaba de qué hablara y Monterde sonreía. Era muy buena onda el viejito. Había más empatía, claro, entre Salvador y Julieta, pero sus interpretaciones eran diferentísimas y no formaron "fracción". Amparo se iba por su lado, yo por el mío y Víctor padecía, o gozaba, el sacrificio. Nadie disertaba, más bien se exponía el contexto y las ideas de lo que se presentaba. Fuera del pobre De la Rosa, con quien fuimos realmente ojetes, Rulfo, Arreola, Monterde, Julieta, Amparo, Salvador y yo pasamos un año animado e incluso divertido. Además, García Beraza resultó primo del esposo de mi prima Lupe Gómez Maganda, lo cual nos acercó y lo volvió "paternal": "póngase traje y corbata, córtese el pelo, modere su lenguaje", cosas así. Sin embargo, cuando la beca ya iba a concluir, sin piedad alguna me recordó que la mía era de cuento y que si no entregaba un libro de ese género no cobraría los últimos ¡y fabulosos! mil doscientos varos de la beca, noventa y seis dólares. Como mi novela no iba ni a la mitad, y él se vio muy firme en la decisión, bastante burocrática, a fin de cuentas, de pronto me entró la Fiebre Creativa, escribí varios textos en menos de un mes ("Cómo te quedó el ojo [querido Gervasio]", "Es que vivió en Francia", "Lluvia o La casa sin fronteras", "Cuál es la onda" y "Amor del bueno"), los uní a otros que tenía ("Luto" y "Cerrado"), entregué a tiempo mi libro de cuentos, titulado *Inventando que sueño*, y cobré mi último cheque del Mexican Writing Center. Para entonces era cuatísimo de Martha Domínguez, a quien por cierto Gerardo de la Torre se ligó por esas fechas.

Nuestra "generación" fue atípica. Además de pocos (cinco en realidad), dos de nosotros publicamos nuestros libros del CME en menos de medio año: Elizondo sacó su *Hipogeo Secreto* en El Volador de Joaquín Mortiz, e *Inventando que sueño* inició la colección Nuevas Letras Hispánicas en una edición sensacional y novedosa de la misma editorial. Precisamente para celebrar la aparición de mi libro, el Centro Mexicano de Escritores se mochó con un coctel muy concurrido y publicitado por la presencia de Angélica María, que entonces estaba en la cima del éxito y era mi cuatita. Salimos en las páginas culturales, de sociales y de espectáculos, lo cual no molestó para nada al CME.

En realidad, mis relaciones con el Centro empezaron muy mal pero concluyeron de maravilla. "No hay principio pero sí un final." Martha Domínguez, alma de la institución, y García Beraza, hasta su muerte, fueron buenos amigos, y de alguna manera me volví "de casa". No tanto como a Xirau, Arreola, Rulfo, Elizondo, Alí, Montemayor o René Avilés Fabila, pero de alguna forma se me asoció con esa noble institución. Supongo que por eso me correspondió, temblorientamente, pronunciar el discurso "oficial" en la celebración del cincuentenario del CME en 2002, que fue una pachanga muy buena. Para entonces mi hijo Andrés tenía la beca de poesía. Comprenderán entonces que la desaparición del Centro Mexicano de Escritores me pegó duro. Con él se fue una parte determinante de mi vida, pero también de nuestra literatura y de la cultura de lo que queda de México.

Confabulario, 2004.

II

Lolita, Nabokov y los exilios

A Philippe Ollé Laprune

Entre fines de 1957 y principios de 1958, más o menos a la edad de Lolita, la escuela me tenía hasta la madre, así es que, cada vez que podía, en vez de dirigirme a Mixcoac, rumbo al Nefasto Colegio Simón Bolívar, tomaba el camión Azcapotzalco-Jamaica y me bajaba en la esquina de Amsterdam y Sonora; me instalaba en alguna banca del camellón y me ponía a leer, tratando de ignorar el frío de la mañana, hasta que daban las nueve y abrían Sears, que se hallaba a una cuadra. La tienda era una de mis escalas usuales durante las pintas porque estaba calientita; conchudamente me instalaba en los sofás del departamento de muebles y ahí seguía leyendo. Muchas veces se aparecía María Eugenia, una chava ultrasimpática, ex novia de mi hermano Alejandro. Ella tampoco iba al escuela, se acomodaba en los sillones y se ponía a platicar conmigo, con el piernón loco cruzado y el cigarrito, que fumaba tenazmente. Los dependientes eran unos alivianados y nunca nos dijeron nada, a pesar de que nos pasábamos horas aplastadotes ahí.

Otro día les contaré algunas variadas aventuras que vivimos la suculenta María Eugenia y yo, hoy esto sólo ha sido un preámbulo nabokoviano porque, al salir de Sears o no Sears, caminaba por Insurgentes, daba vuelta en Puebla y, en Orizaba, frente a la iglesia "gótica", encontraba la cálida librería Góngora de Roberto Castro Vido, donde me pasaba otro buen rato viendo libros, leyéndolos o platicando con el librero, quien era la pura buena onda. Ahí descubrí Olympia Press, que en París, y en inglés, editaba Maurice Girodias y que, en gran medida, era una pornografía más divertida e ingeniosa de la usual porque la escribían buenos autores que, mediante seudónimos, se ganaban así una lanita extra. La colección cachonda era de sobrias y casi inconspicuas tapas verdes, aunque Olympia Press también se arriesgaba al editar libros malditos, como *The naked lunch*, de William Burroughs, y, mira mira, me indicó Castro Vido, este bonito paperback con figuras geométricas más rojas que blancas y negras. Era nada menos que *Lolita*, de Vladimir Nabokov. El buen librero me contó que las editoriales "decentes" de Estados Unidos se habían negado a publicar el libro, pero que Girodias, que no se andaba con mamadas, lo sacó en París y armó el escandalazo. Ésa era, precisamente, la edición que yo tenía en mis manos. Por supuesto, la compré en el acto. Costaba como quince pesos.

Poco después, cuando finalmente lo publicó la gran industria, *Lolita* se volvió un bestseller internacional de proporciones míticas. Fue un gran escándalo. En la bisagra de los años cincuenta y sesenta todo mundo hablaba de *Lolita*; en *Let's make love*, la película de George Cuckor, Marilyn Monroe canturreaba nada menos que *My heart belongs to daddy*, y decía "my name is

Lolita, and I'm not supposed to play with boys, mon coeur est à papa". Como se sabe, Stanley Kubrick filmó la versión cinematográfica, talentosamente fallida a pesar de contar con una adaptación del mismo Nabokov. El caso es que los medios en general de repente exprimieron a *Lolita* y el tremendo síndrome de los cuarentones que babean ante las ninfetas. Por cierto, este fenómeno siempre lo vi como estrictamente literario hasta que, en 1985, a los cuarenta años de edad, viajé a Cuba como jurado del premio Casa de las Américas. Un mediodía me tocó ver salir de la escuela a las nenas de secundaria, convenientemente ataviadas de minifalda, ay Dios mío, y por primera vez, entendí a fondo a Humbert Humbert.

Pero lo importante es que, señoras y en cierto modo señores del perjurado, no saben ustedes en la que me metí al leer *Lolita* a los trece años de edad. Poco antes, Sartre y Rimbaud me habían permitido establecer contacto con las áreas más oscuras y febriles de mi vida. Pero Nabokov me pegó mucho más duro. Sin duda, en *Lolita* yo proyectaba mi precoz y acelerada alma juvenil. Primero me impactó el estilo. Ese tonito irónico, de una perversidad latente, me daba la impresión de que se contenía para no salir con peores atrocidades. Todo me gustaba en *Lolita*: la concisión que sabe cuán importantes son los detalles; es decir, el sustantivo que reconoce el valor de los adjetivos. Me fascinaba la aniquilación delirante de los lugares comunes con una naturalidad cargada de elegancia, sin afectación o rebuscamientos. También ese empeño por hacer creíble lo que se narra (los infinitos detalles hiperrealistas: actas, documentos, citas, nombres de calles, lugares y personalidades, diarios, recortes, tiempos y lugares específicos), combinado con una imaginación cargada de erudición, referencias literarias y complicidades.

Me deleitaba con los inacabables juegos de palabras, las rimas, anagramas y aliteraciones, que además eran inspirados o exactos (*the tip of the tongue taking a trip of three steps down the palate to tap, at three, on the teeth. Lo. Li. Ta*). Me encantaban las referencias que Nabokov hacía en otros idiomas, especialmente, como buen ruso, en francés; las interpolaciones de versos y poemas, así como los delirantes *nonsense* (chéquense éste, en rigurosa versión libérrima: "los nabos y los bokovs, los cones y los ejos, tienen ciertos modos oscuros y peculiares de hacerse pendejos. Los colibríes bermejos hacen buenos cohetones, la serpiente al caminar mete las manos en los pantalones". (*The squirl and the squirrel, the rabs and the rabbits, have certain obscure and peculiar habits; male hummingbirds make the most exquisite rockets, the snake when it walks put its hands on its pockets*). Nabokov sabía jugar con las palabras. No las convertía en un parapeto ante los demás, sino en estricta, congruente y afortunada relación con el texto. Jugar con el lenguaje, las estructuras y la cultura constituía una sustancia básica de lo literario, y nada era casual, nada era inocente, sino que formaba parte de un todo que tenía un orden hermético que, de entrada, saludaba al *Quijote* mostrándose como el manuscrito "Memorias de un viudo blanco", presentado e introducido por un tal "John Ray, Jr.", es decir, una obra dentro de otra obra, así como un supuesto árabe rescata la historia del ingenioso hidalgo.

Este estilo de ironías sinuosas, detalles escalofriantemente exactos y juegos literarios de un digno descendiente de Allan Poe, Sterne, Carroll o Joyce, tenía que ser una puerta abierta, como dicen los académicos, a la parodia, y a la irrupción de un aspecto *dark*, anarco y provocador, que se combina con vulnerabilidad y ternura. Sólo con un estilo semejante se podía escribir exitosamente sobre la fascinación erótica por las mujeres de entre once y trece años, en plena pubertad, cuando ya no son niñas pero tampoco adolescentes. Y sólo con ese estilo se podía presentar a personajes atípicos e impactantes como la terrible Dolores Haze y el bienleído Humbert Humbert en medio de las carreteras y el alma más profunda de Estados Unidos.

Lolita es una chava aceleradísima, precoz, prematuramente desarrollada. Se adelanta a todos. Va tan rápido que se extingue pronto. Es "la inocencia de una puta de diez años de edad", como decía Revueltas; apenas empieza a crecer pero ya es una vieja bruja que posee todos los secretos y dispone de poderes aterradores, especialmente ante un padre-esposo que por dentro es agudísimo, imbatible, pero que por fuera es más bien mandilón y *wishy-washy*. Cuando Ache Ache va, Lola Lola ya vino. A pesar de que es veinticinco años menor, ella siempre guía la relación y él se deja conducir. Cuando no lo hace, HH se vuelve un adulto espantosamente convencional, un padre autoritario que no sabe cómo lidiar con su hija-amante. Sin embargo, Humbert Humbert también es un verdadero cabrón, un chingaquedito que por sistemático y persistente resulta eficaz y penetra hasta lo más profundo. Lo salva su capacidad de ironizarse salvajemente a sí mismo.

No me cansaba de releer *Lolita*; me sabía partes enteras de memoria, me la planché sin remordimientos y, por supuesto, me interesé por los demás libros de Vladimir Nabokov. En ese momento había pocos en circulación, pero después fueron apareciendo los que había escrito antes, la mayoría en ruso, y los que publicaría a partir de 1955. No he leído todo, pero sí le llegué a *Invitación a una decapitación, La defensa, Pnin, Barra siniestra, Risa en la oscuridad, Ada, La verdadera vida de Sebastian Knight* y *El encantador.* Leí estos libros con mayor o menor gusto (los tres últimos son los que aprecio más), pero con espíritu de fan, por eso decía "no pos sí, están bien, pero no le llegan a *Lolis.*" Me divertí mucho con el pleito entre Nabokov y Edmund Wilson, y me apasionaron los ensayos sobre mis héroes Lermontov y Gogol. Pero, la verdad, la verdad, volví a disfrutar a Nabokov en grande hasta *Pálido fuego,* aunque esta gran novela es menos universal que *Lolita.* También disfruté muchísimo *Habla, memoria,* la autobiografía sui géneris de Nabokov, a pesar de que no sea tan buena como la de Sartre, que también se concentra en la infancia y la primera juventud.

Hasta entonces, la vida de Nabokov me tenía sin cuidado y la cuestión de su exilio no me apasionaba, tal vez porque, aunque es un tema que aparece en muchos de sus libros, de alguna manera la política era algo que más bien aburría al aristócrata peterburgués y a la que se refería de paso. Por otra parte, aunque jamás fui devoto de la Revolución rusa, ni le prendí veladoras a Lenin, Trotsky o, ay nanita, Stalin, en el fondo tenía simpatías con la parte romántica y simbólica de la revolución, así como con algunos de sus artistas: Einsenstein, Vertov, Esenin, Mayakovski. Además, los rusos blancos nunca fueron mis favoritos de la película y los imaginaba, tal como los satirizó el mismo Nabokov en *Lolita* en la persona del señor Taxovich, como el coronel exiliado, "ex consejero del zar", que le baja la esposa a Humbert Humbert en París y, silenciosa, subrepticiamente, de despedida deja en el inodoro un "solemne estanque de orina ajena donde se desintegraba una colilla pardusca".

Sin embargo, *Habla, memoria* me hizo ver las cosas desde otra perspectiva. Nabokov fue un niño rico y consentido. Aunque su familia tenía una larga tradición de alta cultura y participación social, y aunque su padre fuera líder de un partido de oposición al zar y miembro de la primera Duma, entre nísperos y guanábanas los Nabokov tenían una enorme mansión en San Petersburgo y una extensísima finca de campo al sur, en Vyra. Al pequeño le asignaron preceptores ingleses que le enseñaban en casa y, después, cuando llegó el momento de ir al escuela, llegaba en un auto elegantísimo, con chofer que le abría la portezuela para que el nene entrara en el plantel. Esta ostentación enfurecía a los maestros, a los alumnos y a los padres de los alumnos, que no eran precisamente pobres.

Para compensar, el buen Nabo leía mucho; empezó a escribir poemas y le fascinaban las mariposas y el ajedrez, que, por cierto, le ocasionaba auténticas venidas en seco. El joven poeta, pues, se la pasaba bien. Amaba a su padre y lo admiraba, aunque inconscientemente pintaba su raya ante las actividades políticas, y se abandonaba en un mundo idílico de versos, bella naturaleza, exquisiteces y vida fácil. A los diecisiete años, en 1916, uno de sus tíos murió y le heredó, en lo personal, el equivalente a dos millones de dólares. Él, para entonces, estaba enamorado del amor y la guerra era algo increíblemente remoto que apenas le ocasionaba vagas inquietudes. Pero de pronto llegaron "los diez días que estremecieron el mundo" y Lenin y los bolcheviques tomaron el poder. La familia Nabokov dejó todo y huyó a Crimea. Hasta entonces, el joven poeta cobró conciencia de lo que ocurría. "De repente sentí toda la fuerza del exilio", escribió. "A partir de entonces y durante varios años la pérdida de mi país fue para mí lo mismo que la pérdida de mi amor." De cualquier manera, la estancia en Crimea resultó un picnic, porque con todo, ahí estaban "las fiestas en la playa, las excursiones al campo, las hogueras, el mar empapado de luna y una buena provisión de moscatel". Pero Nabokov reconocía que todo esto era "un telón de fondo frívolo, decadente y en cierto modo irreal". Finalmente, el ejército rojo derrotó a las guardias blancas y, en medio de una intensa metralla, la familia Nabokov abordó un barco en la bahía de Sebastopol rumbo a Constantinopla, de donde salieron después a Grecia. Vladimir y su hermano aprendieron a bailar foxtrot y se fueron a estudiar a Cambridge.

Así es que, en poco más de un año, Vladimir Nabokov pasó de los lujos de quien ha heredado dos millones de dólares a la vida del exiliado que no tiene dinero. La militancia antisoviética no le atrajo porque en el fondo no era un ruso blanco. No estaba a gusto con los demás exiliados, porque éstos sólo recibían el apoyo de los sectores más conservadores, retardatarios y reaccionarios de Inglaterra. La nostalgia por la Rusia perdida se volvió aguda. "Desde el punto de vista de los sentimientos", decía, "me encontraba en la situación del hombre que, tras haber perdido recientemente a una familiar muy querida, comprende, demasiado tarde, que debido a cierta pereza de su alma, drogada por la rutina, no se había preocupado por conocerla todo lo que ella merecía ni tampoco había sabido mostrarle plenamente las señales de su afecto." Todo esto lo llevó a refugiarse en la literatura, decidiendo convertirse en un "escritor ruso". Hizo a un lado la poesía y empezó a escribir narrativa en su lengua natal.

No sólo había perdido su patria y sus bienes: en el proceso de andar de un lado a otro también perdió el idioma y la adolescencia, y se enfrentó a las realidades, que para él implicaban obtener o prorrogar permisos, visas o alguna "diabólica tarjeta de identidad, porque entonces surgía un voraz infierno burocrático". No había cómo escapar a la conciencia del exilio. Realmente, Nabokov nunca pudo sentirse enteramente a gusto, pues en el fondo, en todas partes, era extranjero. Después de graduarse en Cambridge vivió dos décadas en Alemania y Francia, donde fue traductor, maestro de inglés, de tenis y editor de un diario de emigrados, en el que, por cierto, inventó los crucigramas en ruso. Nunca dejó de escribir novelas, las cuales, poco a poco, le fueron generando regalías y una buena reputación en los medios literarios. Finalmente se casó con su esposa Vera, tuvo a su hijo Dmitri y obtuvo un puesto como profesor en la Universidad de Wellesley y luego en Cornell, Estados Unidos. Ahí, en un país sin raíces hondas, estuvo cerca de sentir una nueva patria, incluso se nacionalizó gringo, aunque en el fondo nunca dejó de empalmar la campiña rusa con el paisaje estadounidense, sin contar que sus nuevos paisanos eran medio simplones, por lo que, al final de su vida, como Chaplin, acabó en Suiza.

Nabokov siempre habló pestes de los soviéticos y nunca quiso regresar a Rusia. Cultivó y desarrolló su condición de exiliado hasta lo último. Los gringos lo consideran escritor suyo y, en gran medida, tienen razón (John Updike dijo que era "el mejor escritor de lengua inglesa con nacionalidad estadounidense"). Pero, en el fondo, Nabokov nunca dejó de verse como lo que había decidido ser: un escritor ruso, descendiente en línea directa de Pushkin, Lermontov, Dostoievski y Tolstoi, aunque, en gran medida, en él ya se había cocinado algo muy distinto, un auténtico *melting pot* cultural. Durante un tiempo tuvo relaciones con otros escritores rusos exiliados, en especial, contaba sus encuentros con Ivan Bunin, el olvidable premio Nobel, aunque después prefirió su propia versión de Rusia, que inevitablemente era la de su juventud, la de la pérdida del jardín del edén de la inocencia. Rusia también representaba un territorio mítico cargado de gran intensidad afectiva, un espacio de cultura y bálsamo, como las mariposas, el ajedrez y el amor de su padre, gracias al cual sobrellevaba la devastadora vida cotidiana. Era, textualmente, una patria del alma y una suerte de exilio interior para un hombre cargado de ironía y buenas dosis de cinismo.

Volviendo a *Lolita*, además de la pasión de Humbert Humbert por las ninfetas en general y por Dolores Haze en particular, está la presencia de Clare Quilty, mucho menos visible pero tan importante como la del cuarto hermano Karamazov o la de Svidrigailov en *Crimen y castigo*. Es la sombra o, para decirlo de una manera brutalmente directa, el mal. Humbert Humbert es un cabrón capaz de maquinar el asesinato de la mamá de Lolita, pero sin duda alguna Quilty está más grueso. El dramaturgo, alter ego del narrador y tan culto e ingenioso como él, también se interesa por Lolita, pero es mucho más oscuro y destructivo. A través de él podemos ver que el amor de Humbert Humbert, con todo y la inherente transgresión de la proximidad a la pedofilia, es a fin de cuentas puro. Se trata, claro, de la pureza que Bob Dylan sugirió al decir: "Para vivir fuera de la ley hay que ser honesto." Humbert Humbert ama tan locamente a Lolita que mata a Clare Quilty. Es "guilty of killing Quilty". El dramaturgo utilizó a la niña, la pervirtió, se divirtió con ella y la desechó después de convertirla en la adolescente que dilapidó su vida. En ese sentido, *Lolita* es una variación del tema arquetípico del héroe que mata al dragón por el honor de su doncella, y Humbert Humbert lo subraya al emparentar su amor con el de Allan Poe, envidiado por los serafines. Como ser humano, Lolita acaba siendo la señora de Richard F. Schiller, una patética quinceañera que parece tener setenta años; sin embargo, como imagen del alma de Humbert Humbert es eterna, "luz de mi vida y fuego de mis entrañas, mi pecado, mi alma". Es algo que está más allá, una patria del alma y una suerte de exilio interior; es, como Rusia, la imagen de su propia juventud perdida irremediablemente. Amar a las ninfetas, y a Lolita como la máxima exponente de ellas, es amar por siempre el jardín del edén de la pubertad de San Petersburgo y Vyra. Como Nabokov mismo dijo: la pérdida de su país fue lo mismo que la pérdida de su amor, al que, "drogado por la rutina", no se preocupó por conocer ni tampoco por mostrarle debidamente las señales de su afecto.

Lolita representa, en lo más profundo, la vieja Rusia, aunque definitivamente sea Estados Unidos, de ahí que varios críticos del imperio se hayan molestado al percibir una feroz sátira en *Lolita*. Y es que, uno de los grandes logros de Nabokov es la gringuez de su personaje, como se puede ver en estos delirantes cuartetos que aparecen en la segunda parte y que parodian las rimas infantiles: "Se busca, se busca a Dolores Haze; pelo: castaño; labios:

escarlata; edad: cinco mil trescientos días; profesión: ninguna, o 'estrellita'. ¿Hacia dónde circulas, Dolores Haze, de qué modelo es tu alfombra mágica? ¿Es un Cougar color crema tu locura en turno? ¿Y dónde te estacionaste, mi alfombrita?" Estos versos, por cierto, muestran el legendario dominio de Nobokov no sólo del inglés sino del slang y la cultura juvenil de Estados Unidos: la mezclilla, la sinfonola, el cine, las revistas, los coches Cougar color crema, *the starlets and the car pets*, que, en esencia, han sobrevivido en medio de asesinos seriales, niños homicidas, alcohol, coca, crack y metanfetaminas.

En *Lolita*, Estados Unidos es retratado con un pincel wyethiano, exacto, y las observaciones no sólo son válidas sino profundamente reveladoras. A veces hay amor-odio, otras un franco pitorreo. A través de la conducta y los modos de Lolita, Charlotte Haze, Quilty y sus amigos y conocidos, Estados Unidos aparece nítidamente con todas sus contradicciones, con su furia de leviatán y sus aspiraciones de dragón. Sin duda, *Lolita* es una gran novela sobre Estados Unidos. Obviamente, Nabokov se propuso que el país sólo fuera un telón de fondo para su delirante y poco convencional historia de amor, un *amour fou* como el de los surrealistas. Sin embargo, trabajó magistralmente el subtema y, en verdad, nos mostró el "Estados Unidos profundo", ese que su condición de exiliado le permitió ver desde dentro y desde fuera.

Lolita, una de las novelas más grandes del siglo xx, sólo fue posible por el invisible peso del exilio, que se manifestó indirectamente con la fuerza que le otorgaba la máxima tensión del equilibrio perfecto. Nabokov detestaba los símbolos y, posiblemente, como Fellini, los cazaba con el famoso "rifle para matar símbolos". Sin embargo, él mismo contaba que la novela se le ocurrió cuando vio publicado un dibujo que, tras grandes esfuerzos, logró hacer un chimpancé, y que mostraba los barrotes de su jaula. Esta tremenda metáfora, debidamente nabokoviana, generó a Humbert Humbert, quien, antes de morir, escribió en la cárcel las "memorias de un viudo blanco", su versión del paraíso perdido. También lo es, toda proporción guardada, la de Vladimir Nabokov, el hombre que sólo tenía palabras para jugar.

Conferencia pronunciada en la Casa Refugio, 2002.
Punto de Fuga. 2004.

J. D. Salinger o el suicidio en abonos

A Antonio Skármeta

A lo largo de la década de los 1940 la revista *New Yorker* publicó más de treinta relatos de J. D. Salinger, quien en 1951 prefirió debutar con *The catcher in the rye*, su primera y única novela, consecuencia natural de los cuentos precedentes. *The catcher* fue un éxito instantáneo y el público pidió más. Salinger revisó entonces sus relatos, eligió trece y armó sus libros posteriores: *Nueve cuentos* (1953), *Franny y Zooey* (1955), *Alcen alto las vigas del techo, carpinteros* e *Introducción a Seymour* (1963). Los cuentos cimentaron a Salinger como autor mayor de la literatura estadunidense y lo ubicaron junto a Poe, Scott Fitzgerald, Hemingway, Kerouac o Cheever. En éstos, don Jerónimo David sorprendió por su estilo conciso, irónico y agridulce, así como por sus temas, siempre cotidianos, que indirectamente referían a dramas interiores y dilemas profundos, insinuados mediante señoras de clase media que beben y chismean, de recuerdos infantiles, de dolorosos recuerdos de guerra o del tema del "niño dotado" e incomprendido, *outcast* ya en embrión. Como él. Con estos relatos también se iniciaron las historias de los hermanos Glass, geniecitos que, uno tras otro, sin falla, fueron estrellas de los programas de radio de "niños catedráticos".

Trece historias cortas

Nueve cuentos abre con "Un día perfecto para el pezplátano", un relato tan bueno e inapelable que fue clave en el reconocimiento casi inmediato y generalizado de Salinger, pues quintaesencia su estilo, su espíritu y su concepción del mundo. Tiene diez páginas y se divide en tres partes. La primera es una deliciosa conversación de larga distancia entre la recién casada Muriel, de vacaciones en la playa, y su madre, muy preocupada porque se ha convencido de que su yerno, Seymour Glass, joven veterano de la guerra recién salido del hospital, está mal de la cabeza y puede perder el control catastróficamente. Muriel ama a su marido y, segura de que su madre alucina, trata de calmarla con *small talk* familiar, rico en coloquialismos y estratégicas *cursivas* o itálicas. Pero varios incidentes ominosos, que apenas se aluden como quien no quiere la cosa, dan sentido a los temores de la madre. En la segunda parte, Seymour Glass entabla en la playa una sensacional conversación con una niñita de cuatro años llamada ¡Sibila! Como en las pláticas entre Holden y su hermanita Phoebe en *The catcher in the rye*, la comunicación es fácil, natural y mágica. Él le habla del pezplátano, que busca hoyos rellenos de bananos en el fondo del mar; cuando los encuentra no para de comerlos y engorda hasta no poder salir del hoyo, muriendo por la "fiebre del plátano". Sibila, una *toddler*, escucha a See More Glass con seriedad, sin inmutarse, y después de que los dos se sumergen para dejar pasar una ola, anuncia que acaba de ver uno de esos peces. "¡No, Dios mío!", exclama él, y pregunta: "¿Tenía plátanos en la boca?" "Sí", responde la niña. "Seis." En la tercera parte, Seymour toma el elevador del hotel y le dice a una señora que no le esté mirando los pies; después entra en su habitación, donde su mujer duerme una siesta, y se mete un balazo en la sien.

Este cuento, por cierto traducido al mexicano por Federico Campbell, es una lección de manejo de materiales y del planteamiento parabólico de los temas, que generan participación y complicidad del lector. La esencia de la historia nunca se explicita, pero mil señales en la carretera llevan a ella con un tono muy *cool*, como si no ocurriera nada. El lenguaje del narrador, en tercera persona, es sobrio y desapegado; la dialogación, con sus estratégicas imperfecciones, muletillas, lugares comunes, disgresiones y detalles graciosos y reveladores, crea una autenticidad asombrosa, amena y humana, lo que precisamente hace más terrible el desenlace, que, como le gustaba a Cortázar, noquea al lector. El estilo, parco y contenido, es también detallado y profuso, escrito con una perfección que no quiere hacerse notar pues don J. D. es un escritor "modesto" en el mejor sentido de la palabra.

Después de *Nine stories*, Salinger sólo publicó los demás relatos sobre la familia Glass. *Franny y Zooey* (1955), sin proponérselo, resultó ser una novela compuesta por dos narraciones autónomas, una corta y otra extensa, casi antitéticas y complementarias. La primera se basa en la hermana menor, Franny Glass, que ha descubierto la vía espiritual después de leer *El camino del peregrino*, de John Bunyan. Este libro propone, entre otras cosas, la llamada filocalia o repetición incesante, a todas horas, del nombre de Jesucristo hasta que esto sea tan natural como respirar. Equivale al uso religioso o místico del mantra en la India, ya que la filocalia, como el mantra, vacía la mente, la despeja de pensamientos, del incesante "diálogo interior", y expande la conciencia, con sus grandes experiencias que abren el camino al *samhadi*, o *satori*, estados extáticos, divinos, perfectamente experimentables por el ser humano, que, como se sabe, por algo está hecho a imagen y semejanza de Diositosanto. Por cierto, el éxito de *Franny y Zooey* motivó varias reimpresiones del libro de Bunyan, que ya no se conseguía, y que ahora, desde hace más de cincuenta años, sigue en circulación; dudo que se lea, porque es muy árido, pero a los lectores de Salinger cuando menos les gusta sentir su vibra.

Los hermanos Glass habían tenido vivencias semejantes, lo que se empieza a ver en la muy divertida, y mucho más extensa, segunda parte del libro, narrada por Zooey Glass con referencias constantes a su hermano Buddy, el escritor (que fue "a prostituirse a Hollywood", como el hermano de Holden Caulfield), y la ubicua presencia de la madre, un personajazo que no sale del baño ni deja de platicar con su hijo que se encuentra metido en la tina. Es un poco como La Maga de *Rayuela*. La familia Glass, entonces, la constituyen la mamá, con su fuerte y carismática personalidad; Seymour, que se suicidó y fue el primer místico; Buddy, el escritor y alter ego del autor; Boo Boo, ama de casa; los gemelos Walt y Walter, el primero murió en la guerra y el segundo se ordenó sacerdote, y Zooey y Franny, los menores, que por algo tienen su libro aparte. Todos ellos, en su momento, fueron "niños catedráticos" y estrellas de la radio, de lo cual se ríen con orgullo discreto. El padre casi no figura, Salinger lo manejó de tal manera que no importa saber nada de él, aunque claro, esto ya dice mucho.

Por último, tras mucho pensarlo porque se llevó más de diez años, Salinger publicó otros dos textos sobre la familia Glass en *Alcen alto las vigas del techo, carpinteros* e *Introducción a Seymour*, otro libro muy bueno, pero ya sin pretensión de unidad literaria más allá del parentesco de los protagonistas, lo cual da una impresión un tanto difusa. Se disfruta el poder narrativo, porque las líneas argumentales no son impresionantes en sí, o más bien porque no importan mucho; los textos no pretenden ser unidades con un tema básico y ramificaciones. Salvo la cuestión de la mudanza en *Alcen alto las vigas,* tampoco son apuntes, inspiraciones que asaltan, notas, escritura apenas hilvanada o mero consentimiento, casi capricho. Más bien, lo que se lee es familiar pero a la vez extraño, porque, aunque se cierra bien, deja una incómoda insatisfacción excitante, una sensación placentera de *mixed feelings*, de *sweet confusion under the moonlight.* Algo iba a revelarse y nunca ocurrió; lo decisivo fue sentir una realidad inasible aunque perceptible y la sensación de que, sin duda, leer ese libro valió la pena. Esto es algo que, para mí, ocurre con muy pocos textos, como en "El aleph" de Borges o "Hegel y yo" de Revueltas.

El primer relato, narrado por Buddy, en realidad es una introducción a la "Introducción a Seymour", pues el hermano mayor, que se suicidó el día del pezplátano, de una forma u otra, es la presencia que une las situaciones en las que Buddy se ve envuelto. Por otra parte, como era de esperarse, abunda en la familia, al tiempo que revela la concepción del mundo y de la literatura del autor, pues Buddy es un oblicuo autorretrato de Salinger, como Bezujov de Tolstoi o el Cónsul de Lowry. El segundo texto, como indica su titulo, mezcla la narración con el ensayo; es más culto, "literario" y experimental; el lector indaga en la otredad de Seymour, en su búsqueda de algo profundo y sagrado con una personalidad sensible y frágil que sólo encuentra su camino en el suicidio.

La "Introducción a Seymour" llevó a Salinger a un punto decisivo. ¿Qué venía después? ¿Una saga familiar, tipo Rougon-Macquart, a través de relatos y no de novelas? ¿Y en qué estilo: el parco-sustantival-behaviorista de su narrador omnisciente o el simpático y ameno con grandes, inesperados, golpes de narración de sus diálogos y primera persona? ¿Otras formas en gestación, como sugería la mezcla de ensayo y narrativa, de código más cerrado, en "Introducción a Seymour"? La respuesta fue *The catcher in the rye*.

La novela

En realidad, en 1950, a los treinta años de edad, Salinger, autor de maduración sin prisas, tenía varias, plausibles e importantes posibilidades. Cauteloso y reservado, prefirió, felizmente, pasar a la novela. Los trece relatos (9+2+2), aunque publicados en libros después, lo llevaron a *The catcher in the rye* quizá porque la manera de escapar de los dilemas creativos muchas veces es el clavo que saca otro clavo. Fuera los Glass y los tanteos espirituales, mejor ir a las raíces: los años de adolescencia en un contexto diferente y, sin embargo, similar, porque en el fondo Holden Caulfield podría ser uno de los hermanos Glass. Porque en el fondo es una amalgama de Seymour, Buddy, Franny y Zooey. Y, naturalmente, de J. D. Por eso resulta una inmersión más directa en lo autobiográfico, aunque Salinger siempre supo equilibrar magistralmente la ficción con lo personal.

The catcher in the rye fue traducida al castellano como *El cazador oculto* o *El guardián en el centeno*. Aunque el segundo es más acertado, tampoco manifiesta las complejidades del título en inglés, "juego de palabras imposible de traducir", dijera la N. del T. Viene de una canción tradicional u *old song*: "When a body meets a body comin' thru the rye (Cuando un cuerpo encuentra un cuerpo que viene por el centeno)". Esto se explica (es un decir) cuando el protagonista, el famoso Holden Caulfield, se define: "de grande" le gustaría trabajar en un campo de centeno junto a un precipicio en el que a los niños les gustara jugar, y él pudiera cuidar que los pequeños no cayeran en el abismo. Holden sería un "catcher in the rye", variación, a fin de cuentas, de un don Quijote que salva niños en vez de rescatar doncellas, *damsels in distress*; un protector de la inocencia y la pureza, del paraíso terrenal, como su contemporáneo Charlie Schultz, el monero de *Peanuts*. Por eso Holden se ofende tanto cuando ve el grafiti "fuck" en las paredes de una escuela primaria. Pero "in the rye" también son los sándwiches con pan de centeno, así es que este atrapador está listo para ser comido.

Esta vocación muestra con nitidez el espíritu de Holden: sencillez, deseos de vivir como parte de la naturaleza sin las responsabilidades del ser social, anhelo de *estar* más que de *ser*; sólo que la gente le fascina, y por eso Holden contiene un hálito vital que alimenta y humaniza. En este caso el arquetípico rito de pasaje de la adolescencia a la juventud es sumamente complejo, difícil, traumático, porque Holden, como Seymour y Buddy Glass (y Salinger, claro), son casos especiales, niños dotados que en plena transición corren el riesgo de atorarse en una peculiarísima hibridez de rebeldía y conformismo, de individuo y manada. Por muy particular que esta situación sea, si no se rebasa conduce a la larga a un tenso aislamiento porque nada se ha solucionado, o la resolución significó acostumbrarse al peligro y a vivir al límite, en la ruleta rusa, convocando al suicidio. Todo ese gasto de energía, retos y estrés diluye poco a poco la vida. Por eso Seymour se mata y Holden cuenta su historia desde un hospital psiquiátrico, y por eso Salinger se exilió después en la calle principal.

Los ritos de crecimiento de Holden Caulfield están narrados en primera persona, con un lenguaje coloquial escrito con maestría, justeza y equilibrio, que sin perder naturalidad es sucinto y conciso. Por la gracia y la autenticidad, inevitablemente recuerda al *Huck Finn* de Twain. Aunque *The catcher* es más conscientemente "literario", Huck y Hold son espíritus juveniles, afines, libres, ingenuos, de muy buenos instintos, que a diferencia de los demás anhelan la libertad, o más bien, la liberación; en el fondo se saben esclavos, como todos, y en cierta forma se resignan, y entonces su guerra, porque la cólera se acumula, es contra las irrelevancias. *The catcher* es amenísimo y utiliza un humor que muchas veces se basa en las observaciones, en las situaciones o en la ironía soterrada del narrador, quien quisiera hallar la verdad, pero tiene la premonición de que quizás ésta sea aniquiladora, lo cual, aunado al sentido común, lo hacen escéptico, lo contienen. Parece ingenuo y tierno, pero en el fondo observa la vida y sus mitos rectores como una suma de absurdidades, de *enajenaciones*; la cultura estadunidense y la vida misma son farsas ridículas, "broma de mal gusto" o, en el mejor de los casos, un niño jugando a los dados. Además, aunque se viva un mito, una "mística", nada salva del sufrimiento, como aseguraba Buda, o de la tragedia, como demostraron Sófocles y Shakespeare. Fuera del "sentido y de las metas de la vida" tradicionales, desgastadas ya a mediados del siglo xx, un joven sensible, que percibe la insensatez del sistema y carece de espacios para expresarse y moverse, puede ver que la sociedad es una cárcel o un laberinto asfixiante. Holden no es rebelde por naturaleza, por el contrario, su sencillez lo hace no pedir demasiado; podría adaptarse fácilmente. Pero no es así, y desde el principio no encaja, siempre está profundamente insatisfecho. Por eso *The catcher* está tan ligado a la contracultura y se volvió un clásico de la generación de los sesenta. Y por eso el neoliberalismo parafascista de Estados Unidos a fines del siglo xx y comienzos del xxi ha prohibido en escuelas y bibliotecas públicas tanto *Las aventuras de Huckleberry Finn* como *The catcher in the rye*, dos grandes pruebas de que la literatura incide en la sociedad.

"Un día perfecto para el pezplátano" prepara lo que *The catcher in the rye* establece: un joven dotado, sensible, apto para desenvolverse y triunfar en la sociedad, pero cuya naturaleza más profunda le impide ser presa del sistema y lo vuelve un "desadaptado", inconformista, anarco en el espíritu de Stirner. Eso, más el budismo y la liberación espiritual en *Franny y Zooey*, además de la búsqueda de la inocencia y la verdad, estableció un nexo profundo con los beats, especialmente con Kerouac, un espíritu afín sólo que hedonista y dionisiaco. Los autores de *En el camino* y *The catcher in the rye* fueron pioneros de una forma de vida que en los años cincuenta era casi imposible; podían ver la meta pero no hallaron el camino y por eso los dos se recluyeron enfermizamente durante años en sus casas natales de Nueva Inglaterra, verdaderos "sustitúteros".

Después de la literatura

Por desgracia, al parecer, a Salinger le ganó el espíritu de Seymour Glass, sólo que él decidió suicidarse lentamente y no de súbito, quizá porque no hubo la Sibila que viera al pez con seis plátanos en la boca, es decir, *la señal*. Desde los años sesenta, en la cúspide del reconocimiento, con un clásico y tres libros exitosos, decidió no publicar más. Quizá ya no había escrito nada desde 1951. Nunca resolvió qué hacer con los Glass o no lo convencieron otros proyectos. En todo caso, se encerró en su casa de Nueva Inglaterra y, como Traven o Castaneda, trató al máximo de borrar sus huellas personales. Pero, como Kerouac, lo hizo demasiado tarde, ya no se podía, porque ni siquiera cambió de identidad, o de país, y se fue a donde todos lo conocían desde niño. Así, el ermitañazgo era imposible y él se quedó a medio camino entre la liberación espiritual y el mundo material, que, a pesar de la patineta que le proporcionaba el éxito, tampoco quiso disfrutar ni padecer. Se negó a la celebridad, rechazó entrevistas, reportajes y estudios literarios, pero a la vez siguió llamando la atención. Si Holden acabó en una clínica, él se internó en sus casas de New Hampshire, pero era fácil de localizar y muchísima gente lo encontró.

Jerome David Salinger nació en Nueva York en 1919, bajo el signo de Capricornio, de padre judío y madre católica. Su relación con el padre fue muy mala y lo hizo salir de casa lo antes posible, primero a una escuela militar, como Holden Caulfield, y después a Columbia y NYU. Empezó a escribir cuentos a partir de 1940, pero se fue a la guerra en 1942, donde vivió verdaderos horrores y fue hospitalizado. Al regresar se volvió colaborador de *The New Yorker*; hoy sabemos que de los más de treinta relatos que publicó en esa revista, sólo eligió Los Trece y declaró inexistentes todos los demás. Salinger debe tener muy bien amarrados los derechos de esos textos y no los vende por nada del mundo. Pero, *alas!* es muy posible que a su muerte los herederos publiquen un libro con los más de quince relatos que en los 1940 aparecieron en *The New Yorker* y que Salinger descartó. Entonces, posiblemente pensaremos que hizo bien en no publicarlos, o quizá no, pues, como en las *Bootleg series* de Bob Dylan, puede tratarse de "descartes" que abunden en maravillas.

Se ha casado tres veces, tuvo dos hijos y vive desde hace cincuenta años en New Hampshire. Nunca se caracterizó por ser un buen padre y cuando su hija Peggy le anunció que estaba embarazada enfureció y le exigió que abortara. O eso cuenta ella (Margaret Salinger: *Dream catcher: a memoir*), un punto de vista desde lo más adentro y por lo mismo infectado de pasión contratradictoria, frustración y subjetividad, pero con observaciones reales, de primera mano, que ningún investigador podía descubrir.

Los periodistas, investigadores, estudiantes, fans y metiches por naturaleza lo acosan continuamente porque no acepta visitas, no contesta correos y cuando los *hackers* se meten en sus archivos enfurece. Es famosa su fobia a todo lo que trate de invadir su intimidad (salvo algunas chavas, porque, budista y todo, siempre le gustaron mucho las mujeres); manda arrestar o demanda a los mirones, que mientras más se recluye más lo acechan, y entonces él se solaza con una conducta de energúmeno. Su carácter es de la chingada, o al menos esa imagen quiso y logró imponer; a lo mejor sólo se divierte haciendo "numeritos", como le decía Hugo Argüelles a los teatrales y calculados arranques de cólera. Se la pasa encerrado la mayor del tiempo, supuestamente meditando y escribiendo. Se dice que ese material se publicará cuando muera, pero muchos creen que no ha escrito nada, o como en *El resplandor*, que sólo rellena páginas y páginas de "no por mucho madrugar amanece más temprano". Aún no logra su propósito de suicidarse haciéndose la vida imposible, en una lucha ciega, feroz, con el ángel en una noche que nunca acaba.

Sin duda ha logrado constituirse como un enigma muy atractivo para descifrar. Hay incluso, en la red, tips para acercarse a él sin ninguna garantía de que funcionen. Además de la de su hija Peggy, varias biografías, debidamente desautorizadas o ignoradas, se añaden a numerosos estudios literarios y a páginas y páginas en internet. En las reediciones de sus libros posteriores a 1970 no hay ficha, texto de solapas o cuarta de forros, foto del autor o ilustraciones de portada. Sólo el título del libro y el nombre del escritor.

Bueno, si eso quiere, que así sea. El respeto a la esquizofrenia budista ajena es la paz. De cualquier manera, sus secretos ya están bastante perforados y es fascinante que un gran autor del siglo XX se haya recluido a tal punto, logre manejar una dualidad tensísima en sí y se meta en el culo su producción, si es que la hay. Rulfo, cuando menos, viajaba y salía a pasear, beber y cafetear. También se decía que no dejaba de escribir, pero murió y no hubo nada más. En todo caso, Salinger nos dio sus excelentes trece relatos, obras maestras del género corto, y, por supuesto, una novela decisiva del siglo xx.

Confabulario, 2005.

El asesino de Sherlock Holmes

A Eduardo Mejía

Durante los últimos meses, por el puro placer de la lectura, entre otros libros, como quien no quiere la cosa, en autobuses y aviones, al ir al trono, en hamacazos o antes de dormir, releí todo Sherlock Holmes. Encontré muy baratos cada uno de los cuatro tomos, de pasta dura y buen papel, de las narraciones completas que Arthur Conan Doyle escribió sobre el detective. Ya las tenía en inglés, incluyendo las no sherlockianas, como *La compañía blanca* o *Rodney Stone*, así es que compré esos volúmenes con la idea de regalarlos. Sin embargo, le eché una ojeada a uno de ellos y me jodí, pues ya no pude evitar releerlos. Tenía siglos sin visitar Baker Street.

Decidí reentrar en Holmes tal como Conan Doyle escribió sus aventuras. Empecé por *Estudio en escarlata*, la novela corta que más recordaba por su tratamiento de los mormones como secta fundamentalista. Pasé luego a *El signo de los cuatro*, libro clave porque ahí se establecen los sistemas deductivos de Holmes, que, aunque él nunca quiso reconocerlo, son una eficaz evolución de los de Dupin, el genio de la deducción de Edgar Allan Poe, padre de la narración negra y de los poetas malditos. Conan Doyle decía haberse inspirado en uno de sus maestros de medicina, Joseph Bell, experto en deducciones, y para nada en Dupin, pero los paralelismos rebasan la coincidencia. En todo caso, el profesor Bell fue quien aprendió del héroe de Allan Poe.

Bueno, pues me seguí con las *Aventuras de Sherlock Holmes*, *El sabueso de los Baskerville*, *El valle del terror* y *Las memorias*, donde, en el cuento "El problema final", Holmes "muere" junto con su archirrival, el profesor Moriarty. Vinieron luego las historias en las que el supersabueso revive: *El retorno, El archivo* y *El último saludo*. Con estos libros, Conan Doyle estableció muchas de las bases de un gran género literario que, en su caso, combinaba lo policiaco, el misterio, el suspenso, lo gótico y terrorífico con una rica y fértil imaginación.

Aunque hay variantes, por lo general cada historia sigue un patrón más o menos inamovible: empieza en Baker Street con un pequeño, ambientador y pertinente prólogo (a veces decisivo, como en *El signo de los cuatro*), luego aparece una persona atribulada o un inspector de policía y se narran historias casi siempre fascinantes. Holmes interroga, reflexiona en los datos, deduce una o varias hipótesis y después las corrobora en el sitio del crimen, con acciones que precipitan la solución. Al final, él o los culpables explican todo.

Sin embargo, este patrón se complica porque Holmes, cuando está aburrido, se hunde en profundos letargos, parecería catatónico si no fumara su pipa hasta envolverse en nubes de humo, así es que mejor se arponea "la solución del siete por ciento" y canturreando "rush rush to the yeyo", hace intrincados experimentos químicos o escribe ensayos sobre temas inverosímiles, como *Las diferencias de la ceniza de las distintas clases de tabaco*.

Pero cuando entra en acción llega al extremo de que se alegra porque las tragedias o catástrofes inexplicables, aunque devastadoras, le permiten a él ejercitar sus artes. Mientras más difíciles, mejor. Se vuelve boxeador, sabe de artes marciales, maneja las armas, es un maestro del disfraz y, por tanto, un histrión, y se hace experto en el arte de "crear un misterio para resolver el misterio" (como en la alquimia, que se revela lo oscuro a través de lo oscuro). Nunca se sabe lo que hace hasta que lo explica. Utiliza todos los adelantos de su época, fines del XIX, dispone de una banda de niños pordioseros y de los más insólitos informantes. También tiene un hermano, Mycroft, que a veces lo ayuda pues es tan genial como él, quien ejerce como consultor casi secreto en delicadísimos problemas de gobierno.

Más que detective, Holmes se ve a sí mismo como "consultor". Se trata de un hombre recto, pero de ética flexible, que en muchas ocasiones se permite ignorar la ley en beneficio de su sentido de la justicia o porque le cede los tribunales a la conciencia de los delincuentes en lugar de delatarlos. Esto es muy importante. En cierta manera, es "un hombre superior", como se plantea en el *I Ching*, o un superhombre en el sentido nietzscheano, pues aplica su propia, justa y humana ley. Además, cuando entra en actividad se prende tanto que no come, no duerme y camina, corre o recorre grandes distancias. Le salen energías inagotables. Es capaz de "leer" el pensamiento con base en deducciones. Le gusta el halago, pero también es modesto, aunque se consiente el desdén cuando le cede los honores a Lastrade o a otros inspectores de Scotland Yard, de quienes se burla elegantemente.

Se trata de un caballero que sabe tratar con firmeza y cortesía a cualquiera, poderoso o miserable. Admira a sus enemigos cuando son inteligentes, como al profesor Moriarty, quien, de hecho, le fascina. Aprecia la belleza de las mujeres, aunque no le interesan las relaciones sentimentales o eróticas, pues, más que misógino, es asexuado. Con todas sus contradicciones, en el fondo es un artista y un sabio, hace las cosas por el gusto de hacerlas, por poner a prueba sus habilidades y sin esperar recompensa alguna, aunque, cuando hay que hacerlo, cobra como superestrella.

Como se sabe, las aventuras de Holmes, salvo en un cuento, son narradas por el doctor John H. Watson, quien admira tanto al gran detective que le tolera sus menosprecios y su ironía socarrona ("elemental, mi querido Watson"). El doc se emociona como quinceañera arrobada cuando su amigo le muestra algún gesto de afecto, y Holmes, por su parte, es padre de los detectives duros, los *hard-boiled dicks,* como los de Hammett o Marlowe, pues no se anda con muestras de sentimientos. Esta pareja dispareja ha sido comparada con la de El Quijote y Sancho Panza, así como se ha dicho que las aventuras de Holmes son, a su manera, una variación de las novelas de caballería o de naturaleza homosexual.

Conan Doyle era un joven médico que puso su consultorio en Londres, pero casi no tenía clientela, por lo que, para ocupar el tiempo, se puso a escribir las aventuras de un investigador privado que combinaba al profe Bell y al Dupin de Allan Poe pero que Conan alimentó con una imaginación fértil e inspirada. Sin duda, en un principio el doctor escribió las aventuras de Sherlock Holmes con gran entusiasmo, pues en cierta forma el detective también era una sublimación de sí mismo, un *wishful thinking*, y proyectaba lo que él se creía capaz pero no podía realizar. Por tanto, el sentido común también lo hizo inventar a Watson, otro aspecto de sí mismo, que presencia atónito los portentos del superhombre con el que cohabita. De esa manera, Watson es un puente, o un representante, del lector.

Como se sabe, esta combinación tuvo un éxito extraordinario y sedujo a miles de lectores a fines del siglo XIX. El éxito fue tal que Conan el Bárbaro acabó detestando a Holmes, le tuvo envidia y se sintió su esclavo, condenado a escribir las aventuras de un héroe que cada vez le fastidiaba más. Posiblemente, en el fondo se sentía igual que Watson, a quien Holmes nunca bajaba de pendejo. Era también, en cierta forma, su esclavo. Un caso clásico de amor-odio.

Por otra parte, Conan Doyle tuvo que lidiar con la personificación del mal a través de sus villanos, que son muchos y casi siempre muy inteligentes e ingeniosos, de otra forma el superdetective no se dignaría ocuparse de sus casos. Pero el más malo de los malos es el profesor Moriarty, que, así como Satán es la sombra de Cristo, éste lo es de Sherlock. Se trata de un despiadado asesino, tan inteligente y genial como él. Watson está en el plano humano, pero Holmes y Moriarty son personajes arquetípicos. Por tanto, Conan Doyle decidió asesinar con premeditación, alevosía, ventaja y de una vez por todas a los dos en el cuento "El problema final".

Es sabido que todo mundo se le fue encima. Las protestas fueron universales y le gente lo repudiaba. Su misma madre le había advertido: "Te guardarás de causarle el menor daño a una persona

tan simpática y agradable como el señor Holmes". Hasta entonces, Conan Doyle comprendió que había forjado un ser mítico,
un héroe verdadero, del que nunca podría escaparse. Holmes se
resistía a la muerte, y lo superaba, como a Watson. Conan Doyle
ya no era él sino la voz de la colectividad con una responsabilidad
ineludible. A su manera, soñaba los sueños de la tribu, lo cual, en
el fondo, es la aspiración de todo escritor. Así es que don Arturo se
sometió y revivió a Sherlock. Como excepción a la regla, estas se-
gundas partes también fueron muy buenas, quizá porque Holmes
volvió de la muerte pero el profesor Moriarty no. Conan Doyle,
en cierta forma, se había vencido a sí mismo.

En todo caso, a un siglo de distancia, Sherlock Holmes me
pareció bien vivo. Sus historias vitaminaron y popularizaron el género policiaco, además de que fueron alimento básico de las obras
posteriores de casi todos, desde Agatha Christie hasta James El-
roy, pasando, claro, por Leblanc, Simenon, Hammett y Marlowe,
entre muchos otros. Nada mal para su creador, un médico sin
clientela.

Magazzine, 2003.
La ventana indiscreta, 2004.

Los beats y la noche mexicana

A Alberto Blanco

Los beats. A fines de los años 1950, el de los beats se convirtió en un gran movimiento contracultural masivo, pero primero fue un pequeño grupo literario. Durante la década anterior, Jack Kerouac, de veintitrés años, y Allen Ginsberg, de dieciséis, estudiantes de la Universidad Columbia de Nueva York, visitaban reverentemente a William S. Burroughs, quien funcionaba como amigo pero también como mentor y gurú; gran conocedor de literatura, arte, psicoanálisis y antropología, Burroughs resultó ser un viajero "de pata ancha, muy andado" y un sibarita de todo tipo de drogas, aunque en aquella época prefería la heroína. A este grupo informal se unieron más tarde los poetas Gregory Corso y Gary Snyder, el novelista John Clellon Holmes y el loco de tiempo completo Neal Cassady, alias Dean Moriarty en la novela *En el camino* de Kerouac y legendario chofer de Furthur, el autobús psicodélico de Ken Kesey. A Cassady, por cierto, también le gustaba México y murió en San Miguel de Allende.

Todos coincidían en una profunda insatisfacción ante el mundo de la posguerra, creían que se debía ver la realidad desde una perspectiva distinta y crear un arte libre, desnudo, confesional, personal, social y generacional, coloquial y culto a la vez, que tocara fondo y rompiera con las camisas de fuerza de los cánones estéticos imperantes. Un equivalente a algo así como las improvisaciones del jazz. La idea era producir obras acabadas a la primera intención, sin correcciones que le extirparan la vida a lo espontáneo e impremeditado.

También estaban de acuerdo en consumir distintas drogas para "facilitar", decía Allen Ginsberg muy serio, "el descubrimiento de una forma de vivir que nos permitiera convertirnos en grandes escritores". En un principio le tupieron al alcohol y a la mariguana, pero después también le entraron a las anfetaminas y a los opiáceos. Fueron pioneros de los alucinógenos, peyote en un principio. Por cierto, en eso de pasonearse para crear, los antecesores de estos beats fueron los muralistas mexicanos, quienes, en una asamblea a fines de los años 1920, acordaron, por aclamación, fumar mariguana para pintar mejor, ya que, según dijo el gran mitómano Diego Rivera, "eso hacían los aztecas en sus buenos tiempos", sin fijarse en detalles como que la cannabis llegó a México hasta después de la Conquista.

Jack Kerouac bautizó y definió al grupo: "Somos una generación de furtivos", le dijo a Clellon Holmes, quien lo transcribió en *Go*, la primera, y según dicen muy buena, novela sobre los beats, publicada en 1952; "una especie de ya no aguanto más y una fatiga de todas las formas, todas las convenciones del mundo… Somos *a beat generation.*" *Beat* admite muchos significados; es un golpe rítmico y un latido del corazón, pero también quiere decir golpeado, derrotado, exhausto. Para Kerouac, asimismo, era una contracción de "beatífico", o extático, pues estos gruesos jóvenes pronto se interesaron por los estados místicos, el orientalismo y, muy especialmente, el budismo. Como a la vez admitían las drogas, la libertad sexual y el hedonismo dionisiaco, el movimiento beat fue descendiente directo de los poetas malditos y sus "bodas del cielo y el infierno". En *En el camino*, Kerouac definió a su personaje Dean Moriarty, o sea, Neal Cassady, como "BEAT, la raíz, el alma del Beatífico". Tenía razón, la religiosidad era profunda entre ellos, que además se caracterizaron por la entrega y devoción con que emprendieron sus proyectos. Fueron individuos de una pureza insólita en tiempos cada vez más materialistas y deshumanizados. Hasta cierto punto, se explicaba que en países como Francia, Alemania e Inglaterra surgieran jóvenes desencantados después de los horrores de la segunda guerra mundial, pero que en el país más rico, el vencedor, el temible gendarme internacional de las armas nucleares, un grupo de jóvenes no sólo rechazara "el mito americano" sino que se considerase agotado, vencido y golpeado; los beats manifestaban que, tras su fachada color de rosa, Estados Unidos desgastaba precipitadamente sus materialistas y belicistas mitos rectores: el destino-manifiesto, el país-donde-todos-pueden-ser-millonarios.

En los 1950, Burroughs se mudó a México y, al poco rato, Ginsberg, Corso, Snyder y Kerouac emigraron a San Francisco, estableciendo su sede en la librería City Lights, de Lawrence Ferlinghetti, editor y poeta muy afín a ellos, quien también venía de Nueva York. Ahí se incorporaron al grupo los poetas Michael McClure,

Lew Welch, Philip Lamantia, Philip Whalen, William Everson, el Hermano Antonino y varios locochones más. En City Lights se hacían lecturas, mesas de discusión y conferencias; pronto se volvió editorial y publicó antologías, traducciones y libros que la crítica de Estados Unidos descalificó tajantemente por "antiintelectuales" y "antiliterarios". Para entonces, como ya eran más, se transformaron en la Generación Beat, descendiente directa de la Generación Perdida de Hemingway y Scott Fitzgerald, pero también de Mark Twain y de los poetas Walt Whitman y William Carlos Williams.

En 1956 Allen Ginsberg publicó *Aullido y otros poemas* y un año después Jack Kerouac la novela *En el camino*. Los dos libros causaron sensación. *Aullido* fue acusado de obscenidad pero ganó el juicio porque el juez concluyó que la poesía de Ginsberg tenía una "redentora importancia social". El libro se volvió de culto y fue una revolución poética que consteló el alma de muchos jóvenes insatisfechos con el sistema de vida, además de que consolidó una concepción más libre de la poesía. Ginsberg escribió *The howl* después de un tremendo acto propiciatorio en el que, durante dos días, se metió peyote "para inducir visiones", anfetaminas "para no perder potencia" y dexedrina "para estabilizar". La lectura de este poema, en la Six Gallery de San Francisco, fue legendaria, con Kenneth Rexroth como moderador inmoderado, además de McClure, Wallen, Snyder, Lamantia y Lew Welch en el programa. Kerouac pasó la charola para comprar vino y hubo para galones y galones. El clímax tuvo lugar cuando Ginsberg, un excelente lector, se echó su *Aullido* prendido como nunca.

"Después todos nos seguimos emborrachando", contó Jack Kerouac, quien también decía "me gusta estar hasta la madre si se trata de estar hasta la madre". Y de escribir sin parar cuando se trataba de escribir, podía haber añadido, pues creó *En el camino* en tres semanas, casi sin comer ni dormir, en estado de trance y en un rollo kilométrico de papel para teletipo, pues no quería parar ni para cambiar de hoja. Después se negó a corregir ni una sola línea, salvo una parte que desapareció porque su perrito se comió un cacho del gigantesco rollo de papel. Kerouac envió ese mismo rollo a la editorial Hartcourt Brace, donde, escandalizados, por ningún motivo quisieron publicarlo. Durante varios años, mientras escribía otras novelas ahora también célebres, todas las cuales constituyen capítulos de una gran obra, como *Los vagabundos del dharma o Los ángeles de la desolación*, reescribió *On the road*. Ésta siguió siendo rechazada sistemáticamente por las editoriales hasta que la publicación de unos fragmentos en *The Evergreeen Review* y *The Paris Review* lograron que la editorial Viking la comprara con un adelanto de mil dólares. Kerouac tuvo entonces que soportar que le metieran mano a la puntuación e hicieran cambios mínimos, y, ya que estaban en ésas, suprimió las referencias a la relación homosexual entre Ginsberg y Neal Cassady. Desde que apareció, la novela tuvo un éxito inmediato; no sólo agotó cientos de miles de ejemplares sino que, como decía Burroughs, "vendió un trillón de pantalones Levis, un millón de máquinas de café exprés y puso a miles de chavos en el camino". La prensa, la televisión, los seguidores y los fans lo asediaron, pero a él le repugnó el éxito y prácticamente desapareció del mapa. Era imposible que el vagabundo del dharma se volviera glamorosa superestrella internacional. Se fue a vivir con su mamá y se dedicó, no tan belicosamente como J. D. Salinger, a esquivar periodistas y tesis universitarias. En

1969 tuvo una reaparición pública muy desafortunada; se vio reaccionario, cuadrado y sacadísimo de onda, así es que decepcionó a amigos y fans. Mejor se murió ese mismo año. En 1975, durante la jira The Rolling Thunder Revue, Bob Dylan y Allen Ginsberg visitaron devotamente la tumba del jefe, le dijeron poemas, le cantaron sus rolas favoritas y dos que tres "hare Krishna, hare hare".

Pero "la vida en el camino" se volvió fascinación colectiva, ya que un rasgo de la naturaleza de los gringos es, entre otras cosas, la tendencia al nomadismo, por lo que están en continuo traslado. Pocos echan raíces en un sitio, las familias tienden a dispersarse y cuando se reúnen es porque viajan largas distancias, lo cual no les molesta para nada; "hacer camino al andar" tenía mucho sentido para ellos. Para entonces, San Francisco y California en general se volvían foco de atracción por esos jóvenes loquísimos que un periodista llamó "beatniks"; estaba de moda el Sputnik, el primer satélite espacial que los rusos pusieron en órbita, y como Kerouac y Ginsberg se decían beats, se le agregó *nik* y "pos ahistá", dijeran los Relámpagos de Agosto. Beatniks era lo mismo que beats pero en niveles masivos, los beats chiquilistrines. Muchos jóvenes entre dieciocho y treinta años eligieron "el camino" y lo rolaron; tomaban café exprés de día en las cafeterías beat que surgieron en muchas partes, y en la noche bebían vino, oían jazz y leían a los beats, por lo que muchos se volvieron orientalistas: yoga, meditación, mandalas e inciensos, con el detonador de la mota y los alucinógenos. La revista Mad los dibujaba con boina, anteojos, barba y bigote o sin rasurarse, pantalón vaquero y huaraches. Varios emigraron a San Francisco para conocer a sus héroes y oír en vivo el cool jazz. Estos beatniks fueron decenas de miles y llamaron la atención de los grandes medios. Durante un tiempo se convirtieron en tema de chistes, chismes, caricaturas, programas de televisión, editoriales, reportajes en la prensa y portadas de las grandes revistas.

Burroughs se mudó a México, donde, por jugar al Guillermo Tell, le metió un balazo en la frente a su esposa; si no fue a dar a la cárcel fue gracias a la proverbial corrupción mexicana que, en este caso, fue aceitada por el otrora connotado abogángster Bernabé Jurado. Después la roló por gran parte del mundo. En París publicó en Olympia Press, la editorial de Maurice Girodias especializada en libros para leer con una sola mano, sus primeras novelas, *Junkie* y *El almuerzo desnudo*, con el seudónimo William Lee, el nombre que tiene en *En el camino*; por cierto, Kerouac sugirió el título *The naked lunch* para esa alucinadísima y muy experimental novela que obtuvo fama internacional por otro estúpido juicio por obscenidad. Luego vendrían *The soft machine, Queer* y *Nova express*. Burroughs fue héroe de cineastas, como David Cronenberg y Gus van Sandt, y de rocanroleros: Steppenwolf puso en circulación el término burroughsiano "heavy metal" y los progresivos Soft Machine en el nombre llevaron el homenaje. En los 1990 don Guillermo colaboró con Pearl Jam, Hector Zazou y hasta con Jim Morrison desde ultratumba. Falleció de muerte natural, a los ochentaitrés años, en su cama, aclamado, lúcido y en paz, a pesar de los atacones que lo acompañaron hasta el final, pues se metió todas las drogas habidas y por haber. Sólo Philip K. Dick compite con él en cuanto a consumo de drogas, algunas de las cuales eran rarísimas, pero Dick vivió infiernos en clínicas psiquiátricas y se murió antes de los cincenta años de edad. Burroughs, en cambio, nunca pasó por tratamientos de rehabilitación, domó las adicciones a base de puros cojones y fue un bisexual más inclinado a lo gay.

Por su parte, el judío Ginsberg atrajo la atención mundial con *Aullido* y fue una superestrella desde entonces, célebre por su militancia pacifista, por su declarado edipismo, por su homosexualidad (nada de clósets con él) y por su ingenio y desplantes. Una vez le preguntaron qué quería probar con su poesía. "La desnudez", respondió. "¿Pero qué significa eso?", insistieron, y entonces el poeta se desnudó ahí mismo. Después de *Aullido* escribió otro gran poema, *Kaddish*, y sus viajes a la India y a Japón aceleraron un gran cambio espiritual, facilitándole una especie de satori, una iluminación que le permitió aceptarse tal cual era, conciliar sus contradicciones y escribir el poema "The change", en el que da cuenta de este proceso espiritual. Con Philip Glass realizó la espléndida cantata *The hydrogen jukebox* y se hizo muy amigo de Bob Dylan. También animó Naropa, un centro cultural-espiritual-editorial en Boulder, Colorado, e infinidad de veces lo arrestaron por su militancia pacifista. Ginsberg y Burroughs fallecieron en 1997, sus muertes fueron noticia internacional e hicieron que la atención pública regresara a los beats.

Ferlinghetti, a su vez, era un neoyorkino con estudios europeos que se mudó a San Francisco porque, decía, "era el único lugar en Estados Unidos donde había vino decente y barato". Se asoció con el editor Peter Martin para fundar una revista sobre cine, sociología y política que se llamó *City Lights*, en homenaje a la loquísima película de Charlie Chaplin, en la cual, no está de más recordarlo, aparece un rico que, como en *El señor Puntila* de Bertold Brecht, cuando se emborracha es generosísimo, fraternal y divertido, pero sobrio se vuelve despótico, explotador, perverso. Las oficinas de la revista estaban en el segundo piso de un edificio ubicado en la esquina de Broadway y Columbus, y como la renta se abarataba si también alquilaban la planta baja, Martin y Ferlinghetti abrieron la librería City Lights para ocupar ese espacio. La revista no funcionó y Martin se regresó a Nueva York, pero Lorenzo siguió con la librería y tuvo un gran éxito cuando éste se volvió el centro de reunión de poetas e intelectuales. Además, vendía libros buenos y baratos, fue pionera en la difusión de las ediciones de bolsillo y se volvió una editorial legendaria.

Además de librero y editor, Ferlinghetti ha escrito poesía, novela, teatro y ensayo, además de realizar dibujos, pinturas y diseños. Entre sus grandes éxitos están *A Coney Island of the mind*, su obra maestra, *Tyrannus Nix, Tentativa de descripción de una cena dada para promover el procesamiento del presidente Eisenhower* o *Algo sobre la muerte de Allen Ginsberg*. Fue nombrado oficialmente El Poeta de San Francisco y sobrevivió a casi todos sus amigos.

Como Burroughs, Ferlinghetti nunca aceptó que lo considerasen "beat", pues en realidad los dos trataban de eludir las etiquetas fáciles que, por lo general reductivistas y estereotipantes, tienden a diluir los rasgos y valores individuales en beneficio de una, por lo general falsa, apreciación colectiva. Los dos querían que su obra fuese vista en sí y no como parte de un grupo, por muy mítico y prestigiado que éste fuera. Burroughs era mucho más dark, en el fondo no compartía la visión mística y romántica de Ginsberg y Kerouac: lo "beatífico". Él traía su propia onda, más bizarra y radical. Además, cronológicamente no pertenece a esa generación, sino a la anterior. Ferlinghetti, en un principio, fue más bien anfitrión de los beats, cuando los conoció él ya era un poeta hecho, pero las afinidades en la concepción del arte, el estilo y las ideas resultaron mucho mayores. De cualquier manera, en realidad, todo esto vino a alimentar la leyenda y a convertir a Burroughs y a Ferlinghetti en miembros-no-miembros de la generación madreada.

Como Burroughs, Ginsberg y Kerouac, que también nos visitaron mucho, Ferlinghetti vio a nuestro país con los anteojos de la mitificación que inauguró D. H. Lawrence y que luego puso de moda Malcolm Lowry, lo que no significaba que dejaran de criticar o ironizarnos cuando obviamente lo merecíamos. La presencia de México en la obra de los beats es tema mayor de investigación literaria. Lamantia, Corso, McClure, Snyder y los demás también fueron viajeros frecuentes en México. Mínimo eran tijuanistas, como se ve en *Ahora espera el año pasado*, de Philip K. Dick, en la que buena parte ocurre en Tijuana, la de "tequila, sexo y mariguana", dijera Manu Chao. Quizás el que más mitificó y amó a México fue Kerouac. Sus descripciones del país en la tercera parte de *En el camino* son magistrales; ama tanto la diferencia entre México y Estados Unidos que está feliz incluso cuando al ver la noche estrellada del desierto infinidad de mosquitos se lo comen vivo. La visión sórdida, ultradark, de la colonia Roma y del inframundo de morfinómanos en la ciudad de México en los años 1950 hacen insólita a *Tristessa*, que nos ve como ninguno de nosotros lo hemos podido hacer. Por si fuera poco, entre sus incursiones en la poesía destaca *Mexico City blues*.

En 2002 el buen Lorenzo volvió a México, a los ochenta y cuatro años de edad y con una vitalidad asombrosa. Fue objeto de una semana de festejos en nuestro país por parte de Saúl Juárez, director del INBA, un gran lector de los beats, y de la revista *Generación*, de Carlos Martínez Rentería. Se la pasó muy contento y por eso no dudó en regresar con motivo de *Noche mexicana*, que fue consecuencia lógica del homenaje anterior y que ha sido editado y prologado por Martínez Rentería y Juárez. En 2002 Ferlinghetti escribió varios poemas, publicados por *La Jornada* y leídos en Bellas Artes. En *Noche mexicana* viene uno nada más, "Hotel de Cortés". Qué lástima que no estén los otros. En realidad el libro está compuesto por notas de algunos de los muchos viajes que Ferlinghetti ha hecho a México. Fuera del primer texto, de los años cincuenta, los demás fueron escritos en la década de los sesenta.

Las notas parten, como era de esperarse, de Tijuana y Baja California. "Si me quedara un rato quizás aprendería a amar esta tierra, ya es la tercera o cuarta ocasión que estoy en México. Si Los Ángeles es el Culo de Estados Unidos, ¿a qué corresponde este moreno apéndice inferior? Ensenada perdida, que sólo existe debido a la fuerza de gravedad, enterrada eternamente…", dice. Pero después de un rato en Tijuana, muchas cosas le fastidiaban. "Tres días aquí y ya no lo soporto. Me iré en la mañana. ¡Sucias calles de la Ciudad de Mierda!" Tampoco le gustó Ensenada ni Mexicali, "otro pueblo polvoriento, peor". Nos informó que cerca de Tecate vivía el traductor de *El libro tibetano de los muertos* y eso fue lo único que ve bien en México. En realidad, estaba azotadísimo. Como karma instantáneo, o autocrítica inconsciente, cuando regresaba a Estados Unidos, se metió a escribir sus notas en los baños de la estación de autobuses, pero entonces el bolígrafo se le resbaló, fue a dar al excusado y Lorenzo lo vio irse por el caño cuando accionó la palanca de desagüe por "un error estúpido".

A pesar de eso, al año siguiente ya andaba en Chihuahua recordando a Artaud y a Lowry. Viajó por tren rumbo a Topolobampo y vio México con más calma, introspectivo y filosófico. Las notas saltan hasta 1968, cuando, en pleno movimiento estudiantil, Ferlinghetti visitaba Oaxaca, donde se sintió a gusto, lo impresionaron las iglesias de la ciudad y un Cristo en particular. Ahí participó en una marcha en apoyo a los estudiantes. Llegó a la ciudad de México por los días de la Manifestación Silenciosa. En esta parte del libro se intercala un poema, "La mente del Che Guevara un día después de su muerte", y después Ferlin se solidariza con Margaret Randall, quien con Sergio Mondragón había fundado la revista *El Corno Emplumado*, y reproduce un texto en el que ella narra los acosos y persecusiones por parte de Gobernación, a pedido de la embajada estadunidense, y con el pretexto de que la revista daba dinero al movimiento estudiantil. Ahí empezaron los primeros conflictos de Randall con el gobierno de Estados Unidos, que esa vez le robó el pasaporte aunque, años después y por mandato judicial, tuvo que reintegrarle la nacionalidad que le había retirado porque vivió en Cuba.

En 1969 Ferlinghetti volvió a México, esta vez a Guadalajara, donde se subía en camiones y visitaba iglesias. Es obvio que ahora se sentía a gusto, bastante en casa, y esas notas son las mejores del libro por las observaciones precisas y el tono, un tanto malcolmlowryesco. Andaba entre la gente y para nada se portaba como un típico turista gringo ni como el intelectual tipo Huxley que a todo gruñe "¡hm!". De ahí se desplazó a Uxmal, que le sacó la naturaleza poética, y fue a dar con sus paisanos macizos a San Miguel de Allende, en medio de rock, psicodelia y The Incredible String

Band. Una noche tuvo un pasón horripilante con pura mota que lo hizo vomitar en "esa oscura Cosa, el México primitivo, la oscura noche del pulque". Lowry le decía: "La eterna noche del México que nunca duerme." Las notas concluyen con una nueva visita en 1969 a Baja California. En esa vez El Lorenz se compenetró con la naturaleza de la península y pudo apreciarla; le gritó imprecaciones poéticas al mar y terminó asombrado de pasar los días en las dunas de la playa a la espera de algo inaudito, "que el mar detuviera su absoluta incoherencia".

En general, esta *Noche mexicana*, aunque en momentos las notas son muy breves o excesivamente introspectivas, ofrece una visión de México desde el inicial desagrado hasta la posterior integración a lo profundo del país; además, tiene grandes páginas. Se agradecen los dos poemas, pero es una lástima que no estén los demás escritos en diciembre de 2002 en México. En la introducción se entera uno de que esta *Noche mexicana* es el primer libro que se edita en México de Lawrence Ferlinghetti, así es que urge que se publique su obra, empezando con *A Coney Island of the mind*, un gran poema. Es lo menos que podemos hacer para corresponder de alguna forma a este hombre. Él, Burroughs, Ginsberg y Kerouac, le tuvieron un amor especial a México y nos vieron con un poder, vital y espiritual, muy profundo, que nosotros nomás no percibimos.

Generación, 2005.

Las estrellas, mi destino

A Tino

Desde chavito me gustó la ciencia ficción, quizá por mi interés en la alta tecnología, por la especulación en el futuro o porque se instala en los terrenos de la fantasía, de la evasiva naturaleza de lo premonitorio o profético, adquiriendo así un "manto sagrado". Agrégale la idea de la ciencia, cuya fetichización la ha llevado a medida de todas las cosas. Borges asentó que debíamos decir ficción científica, pero los adictos abrevian el género como CF o cf. Yo, primero, me fumé *Las crónicas marcianas* de Ray Bradbury, un libro prestigiadísimo que tuvo un éxito instantáneo desde que se publicó en 1950. Este libro muestra cómo los seres humanos llegan a colonizar Marte y corrompen la civilización que ahí había. Esos cuentos me fascinaron, como a muchos, por poéticos, imaginativos y humanísimos, así es que me seguí con *El hombre ilustrado, El vino del estío* y *Las doradas manzanas del sol,* pero ninguno me pareció tan picudo como *Las crónicas,* una verdadera obra maestra. Después me deslumbró Theodore Sturgeon, que en realidad se llamó Edward Hamilton Waldo. *Más que humano* y *Los cristales soñadores,* novelas inquietantes, poéticas y mucho más *dark,* me ampliaron la idea de las posibilidades de la cf. Sturgeon fue pionero de los temas ligados al sexo y el erotismo, como en *Venus más X* y *La violación cósmica,* narraciones pobladas por amantes sufridores, hermafroditas y gays. Sus libros me interesan quizá porque tienen una intensidad soterrada que sugiere algo terrible.

Olaf Stapledon fue otro gran acontecimiento. *El hacedor de estrellas,* uno de mis libros más admirados de todos los tiempos, se mueve entre el ensayo y una caprichosa forma novelística. Fue escrito en 1937 y estableció buena parte de los grandes temas de la CF: viajes espaciales, colonización de planetas, guerras de las estrellas, imperios galácticos, formas inteligentes insospechadas, teleportación y telepatía. Al final, las estrellas destruyen a varios planetas que se atrevieron a desviarlas de su curso natural, una auténtica y maravillosa danza cósmica, para que los lleven a otras y lejanísimas regiones del espacio. Como el título indica, es una búsqueda de Dios, *the one and only starmaker.* Por otra parte, en *Los últimos y los primeros hombres,* Stapledon narra la evolución a partir del primer ser humano, "el de los años 1930", hasta el décimo octavo, un altísimo ser espiritual, plenamente realizado, que narra la novela. Como puede verse, don Olaf no se andaba con cuestiones menores. Fue un socialista, pero más sutil que George Orwell, al convertir su cf en literatura de ideas. Su novela *Sirio* no tiene medida. Trata de un perro cuyo cerebro es desarrollado hasta permitirle plena conciencia, inteligencia, lenguaje y otras capacidades humanas. Por cierto, otro novelón de ciencia ficción sobre perros es *Ciudad,* de Clifford D. Simak.

Isaac Asimov es muy irregular y para mí lo mejor está en *Yo, robot*, novela que a base de cuentos muestra a los robots desde su forma más primitiva hasta su condición de sofisticadísimos androides. Me impresionó especialmente el cuento que se sitúa en Mercurio, con sus calores asesinos, porque nunca había leído una aproximación tan plausible de la realidad del planeta más cercano al sol. Me chuté también toda la serie de *Fundación*, que en general me gustó mucho, sobre todo el primer volumen, aunque abundan los errores literarios fácilmente corregibles. Sin embargo, hay historias y personajes sensacionales, como el Mulo. Pero Asimov más bien la hace como divulgador de la ciencia, porque literariamente se queda chico ante muchos, como Fredric Brown, autor de *Universo de locos*, una novela delirante cuyo equilibrio de gran malabarista siempre está sobre el filo del abismo. Además, constituye la gran matriz del tema de los mundos paralelos (el cual, por cierto, reverdeció con Jesús Ramírez-Bermúdez en *Paramnesia*). Como buen alimentador de las revistas *pulp*, Brown tiene cuentos muy buenos que recogió en *Ángeles y naves espaciales*.

A la cabeza de mi hit parade también están *Dunas*, de Frank Herbert; *Ciberiada*, de Stanislaw Lem; *El señor de la luz,* de Roger Zelazny; *El mundo del río*, de Philip José Farmer; *El juego de Ender*, de Orson Scott Card; *El soldado de la niebla*, de Gene Wolfe; *Limbo,* de Bernard Wolfe; *Tiempo de cambios*, de Robert Silverberg, y *Neuromante*, de William Gibson.

Pero los autores de CF que más-más-más me gustan de todos-todos-todos son Philip K. Dick y Alfred Bester. De Dick ya he escrito mucho, aunque nunca lo suficiente, así es que ahora haré un *zoom in* a Bester. Este gran maestro, nacido en Nueva York en 1913 y muerto en 1987, publicaba a mediados del siglo pasado en las entonces execradas (pero ahora prestigiadas) revistas *pulp* y se ganaba la vida escribiendo guiones de radio, televisión y cómics (entre éstos, *Superman, Batman, Nick Carter, La Sombra y Charlie Chan*). Pero Bester es autor de dos grandes obras literarias que, a la vez, son clásicos de la ciencia ficción: *El hombre demolido*, insuperable en el tema de la telepatía, presenta a Ben Reich, una creación de alta intensidad, magnate poderoso y ambicioso en cuyas pesadillas lo acosa un hombre sin cara. Reich está dispuesto a arriesgar todo y desafiar la ley con tal de eliminar a su gran competidor, D'Courtney, a causa de lo que a fin de cuentas resulta un malentendido. Pero, en vía de mientras, Reich arma problemas sin fin, porque es muy inteligente y sabe utilizar sus inmensos recursos económicos; para evadir a los grandes telépatas, por ejemplo, se manda a hacer una muralla con un *jingle* de rimas pegajosas que repite sin parar, como mantra, y que resulta infranqueable para quien intenta penetrar en su mente. A fin de cuentas, se le somete tras grandes dificultades y Reich acaba demolido; su mente se destruye pero él no pierde la conciencia y atestigua cómo su psique va siendo desintegrada, queda en una especie de limbo y oscuridad hasta que renace en una versión humana corregida y mejorada. Una idea lateral aquí es la de rehabilitar en verdad a los delincuentes, en especial si son muy dotados.

¡Tigre! ¡Tigre!, la segunda novela de Bester, es hermana de *El hombre demolido*, que si es la gran obra sobre telepatía, *Tigre* lo es de la teleportación. Se le conoce así en español ya que con ese título se publicó por primera vez en Inglaterra, en 1957. Sin embargo, el nombre original, con el que se editó serialmente en la revista

Galaxy, fue *The stars my destination (Las estrellas, mi destino)*. Este nombre viene de una parodia de la rima infantil que define al protagonista de la novela: *"Gully Foyle is my name/ and Terra is my nation/ deep space is my dwelling place/ the stars my destination"* ("Yo me llamo Gully Foyle y la Tierra es mi nación, el espacio es donde habito y las estrellas, mi destino"). El título sin duda es apropiado, pero yo prefiero *¡Tigre! ¡Tigre!*, pues viene de unos geniales versos de William Blake: *"Tiger! Tiger! Burning bright/ in the forest of the night/ what immortal hand or eye/ could frame thy fearful symmetry?* (¡Tigre! ¡Tigre! Ardes brillante en el bosque de la noche, ¿qué ojo o mano inmortal trazó tu temible simetría?)".

Esta novela es, a su manera, paráfrasis de *El conde de Montecristo*. Ocurre en el siglo 24, cuando la teleportación, conocida como "jaunteo", es un hecho común que ha revolucionado enteramente a la humanidad. Narra la historia de Gulliver Foyle, alias Fourmyle de Ceres, quien asciende desde lo más bajo de la sociedad hasta convertirse en un hombre clave de la historia. Es un mecánico de tercera clase que sobrevive inconcebiblemente en el espacio durante ciento setenta días, después de la destrucción de su nave, la *Nomad*. En algún momento otro vehículo espacial, *Vorga*, pasa junto a él, está a punto de salvarlo pero, en el último momento, lo abandona. Gully Foyle sobrevive a base de una tenacidad feroz y con el combustible del odio y la venganza logra portentos. Este héroe-antihéroe asesina, viola y traiciona con tal de vengarse. Su pasión es frenética, delirante e impaciente: quiere todo *ya* y actúa al instante y a la máxima velocidad. La necesidad lo hace salir de un estado de casi estupidez ("educación: ninguna; habilidades: ninguna; méritos: ninguno", decía su historial como mecánico de la *Nomad*) y lo lleva a generar numerosos recursos propios, estudiar, avivar la imaginación, la inventiva y, por supuesto, una inteligencia latente. Después se refina y aprende a tener un control casi absoluto de sí mismo.

Su gran diferencia con Edmundo Dantés es que el vengador de Marsella es un hombre honorable a quien la injusticia torna despiadado. Pero es decente. Gully Foyle es un patán, tigre salvaje que sin dejar de ser una lacra se desarrolla a un punto en que finalmente beneficia a todos, por lo que su condición de héroe universal lo redime de sus delitos. Su destino está subrayado por el Hombre de Fuego, orozquiana y alucinante réplica en llamas que aparece en momentos clave, un auténtico desdoblamiento que indica una simultaneidad de tiempos y anuncia al gran ser que hay en él.

¡Tigre! ¡Tigre! es una novela riquísima. Su historia ocurre en distintas partes del sistema solar y de la Tierra (entre ellas la ciudad de México, la cual es un hospital en su totalidad) y está poblada por grandes personajes: la telépata "de un solo sentido", que transmite su pensamiento pero no puede captar el de los demás; la aventurera con quien Gully se evade de las cavernas de la prisión, y la ultramillonaria, ciega y terrible. También son formidables el investigador que no puede permanecer más de media hora con alguien porque está impregnado de radiación, y el magnate cuyo lema es "pasión por la sangre y el dinero, sin piedad, sin perdón, sin hipocresía".

La novela proporciona diversión y emoción en grande, pero está escrita inspiradamente y con un despliegue impresionante de recursos narrativos. El estilo es directo y un tanto neutro, correcto aunque de ritmo febril y de una intensidad que nunca disminuye.

Desde el principio, después de un prólogo sucinto y contextualizador, hay un atmósfera de clímax que siempre se abre a matices deslumbrantes, por lo que nunca decae, sino que, aunque parezca increíble, asesta continuos golpes narrativos de una eficacia sorprendente y sube aún más. Por si fuera poco, como en *El hombre demolido,* Bester recurre al sistema de Lewis Carroll y de Guillaume Apollinaire de jugar con la tipografía y el diseño de la página.

En todo caso, *El hombre demolido* y *Las estrellas, mi destino* no son sólo dos obras fundacionales de la ciencia ficción sino también dos grandes momentos de la literatura del siglo xx.

La ventana indiscreta *(Aguas profundas, 2004).*

Los cuentos de Philip K. Dick

Philip K. Dick, el gran escritor nacido en 1928 y muerto en 1982, considerado el "homegrown Borges" de Estados Unidos, pertenece a la generación de los beats, de Salinger, Charlie Schultz y Joseph Heller, y comparte con ellos varios rasgos decisivos. Pero él fue escritor de ciencia ficción. Alucinado natural, se alimentó del género desde niño y después las drogas activaron zonas insólitas de su imaginación. Todo eso, combinado con lecturas de sicología, filosofía, religiones, ocultismo y ciencia dura, lo llevaron a concebir historias pasmantes que se adelantaron a su tiempo y que apenas ahora se les entiende mejor.

Dick escribió muchos relatos a partir de los veinte años, cuando decidió vivir de escribir; sin embargo, un autor desconocido y desconectado como él sólo tenía un acceso relativo a las revistas *pulp*, como *Galaxy, Fantastic Universe, Planet Stories, Amazing, Astounding, Fantasy and Science Fiction* o *Imagination*. En la actualidad algunos ejemplares de esas publicaciones pueden costar fortunas, pero en los 1950 constituían un inframundo en el que los editores esquilmaban, imponían temas y estilos, manipulaban los textos a su capricho y pagaban poquísimo. A fin de cuentas Dick se defendió como pudo y publicó la mayor parte de sus más de cien relatos negociando tenazmente con los editores. En los 1960 le fue mejor y se concentró en escribir novelas, entre las que destacan *Tiempo desarticulado*, *El hombre en el alto castillo*, *Los tres enigmas de Palmer Eldritch*, *¿Sueñan los androides con ovejas eléctricas?*, *Ubik*, *Fluyen mis lágrimas, dijo el policía*; *VALIS* y *Una mirada en la oscuridad*. Por desgracia, estas y las demás novelas que escribió desplazaron casi enteramente su inclinación por los cuentos.

Dick utilizó el género corto como cancha de entrenamiento y para dar salida a su imaginación. Pensaba que el cuento debía presentar situaciones, historias o temas, y no tanto personajes (la novela trata del asesino; el cuento, del asesinato, decía) o refinamientos literarios. Por tanto, sus historias no podían ser comunes y corrientes. En los relatos incubó y preparó muchas de sus grandes novelas, y estableció sus principales señas de identidad literaria: un estilo conciso, directo y sobrio, sin artificios, melodramatismos, efectos, trampas u otras concesiones. Esa prudencia lo protegía y lo peor que le podía pasar era que la prosa le saliera un tanto plana. Le gustaba empezar a la mitad del tema, o en plena acción, y después dosificaba los antecedentes. Si había varios personajes importantes entonces alternaba distintos planos narrados desde el punto de vista de cada uno. Los finales, usualmente muy buenos y contundentes, solían ser pesimistas, crueles o de humor negro. Eso sí, escribía sus alucinadas ficciones con un gran realismo, pues partía del principio de que lo inverosímil debe contarse como algo común y corriente. Además, tendía a emplear personajes ordinarios y hasta sus "héroes" son muy poco heroicos.

Esta extrema desmitificación se debe a su teoría del relato como campo de historias y no de personajes, pero también a que, con todo y su imaginación, fantasía y locura, Dick era profundamente realista y por tanto escéptico. A diferencia de muchos de sus personajes no cedía a los espejismos y al escribir no tenía nada de loco. Encontraba sus temas en algo tan trivial y cotidiano como encender un foco o ver un anuncio de las muñecas Barbie, pues aun sus ideas más fantasiosas siempre se anclaban en la realidad, el presente que le tocó vivir. Sin perder lo original y lo insólito, gran parte de sus textos son una metáfora de Estados Unidos a mitad del siglo veinte, la época del furor fanático anticomunista y de la paranoia nuclear disfrazadas de Mundo Feliz. De hecho, por esa razón empezó a ser "autor de culto" desde principios de los 1960.

En su primer cuento publicado, "Roog", a un perro le gustan los botes de basura, fuente de olores enervantes y alimentos en deliciosa descomposición. De hecho, les llama "urnas de ofrendas"; es decir, para él la basura es sagrada. Por tanto, el perro detesta a los "roogs", los que la recogen, sacrílegos que vacían los botes en los contenedores de sus camiones y se llevan los tesoros. Desquiciado, ladra y avisa, pero nadie le hace caso, porque para hacerlo es necesario ver las cosas como él, como un perro. "Roog" le hubiera gustado a Jung, quien con frecuencia recordaba lo recompensante de ponerse en el lugar de los demás y que el tema del tesoro en la basura es arquetípico. Como se ve, el concepto de ciencia ficción de Dick, muy elástico, rebasaba los temas comunes de los viajes espaciales, la colonización de planetas o las guerras intergalácticas, y admitía numerosas historias que superaban los límites usuales del género. Se trataba de una fantasía muy peculiar, profética o visionaria más que moderna o posmoderna.

Por eso, además del perro con nociones de lo sagrado, en "La máquina que preserva", un melómano decide conservar las obras maestras de la música mediante un invento que convierte partituras en animales, un poco como cuando Rimbaud atribuyó colores a las vocales. En "Más allá yace el wub", un gordísimo y peludo animal telépata, filósofo, experto en ciencias y artes, es encantador, pero de cualquier manera se lo comen por su sabor exquisito. En "La corta y feliz vida del zapato marrón", los clones de unos zapatos se enamoran. En "El constructor", un hombre crea obsesivamente un barco sin motor ni velas en el patio de su casa, muy lejos del mar; todos lo creen loco hasta que empieza a llover muy fuerte y sin parar. En "El abonado", cuento hermano de "El guardagujas" de Arreola, la gente viaja en tren todos los días a una ciudad que no existe. Y en "Estabilidad" otra ciudad, ésta maléfica, se comprimió y se le encarceló en una pequeña esfera de cristal. En "La viejecita de las galletas", una anciana le extrae a un joven toda su vitalidad mediante deliciosas galletas caseras. Abundan los textos de este tipo, historias que amplían el concepto de ciencia ficción y se hermanan con la "fantasía" de Poe, Kafka o Borges.

En "El reporte de la minoría", que filmó Steven Spielberg, aparece otro gran tema de Dick: la deformidad, la locura o las enfermedades neurológicas pueden ser fachada de grandes capacidades paranormales, en este caso la precognición. La idea del relato es humor negro puro: tres retrasados mentales tienen el don increíble de ver el futuro. Juntos descubren, al parecer sin falla, cuando alguien está a punto de cometer un delito y la policía lo arresta antes de que lo haga. Cuando la precognición es unánime todo está bien, pero si sólo dos ven lo mismo, el restante sólo emite "el reporte de la minoría". Éste, sin embargo, vio algo distinto que pudo ocurrir, y existe la posibilidad del error y de castigar a quienes no cometerían ningún delito, o peor aún, de manipular las precogniciones; así ocurre en el cuento y por desgracia también en las "guerras preventivas" de Estados Unidos.

Cuando el androide se cree humano, los hombres también empiezan a dudar de su condición: ¿qué tanto en mí es mío y qué tanto me han impuesto? ¿No seré una máquina yo también? ¿Soy el sueño, la ficción creada o imaginada por otro? En el magistral "We can remember it for you wholesale" ("Nosotros recordamos por usted a precios de remate"), filmado por Paul Verhoeven como *Total recall,* un hombre descubre que en realidad es otro; por razones políticas le borraron la memoria, "el disco duro", y le implantaron una personalidad falsa con esposa, trabajo y recuerdos. Si no, en "El pago", filmada por John Woo, un hombre sabe que le borrarán la memoria y prepara toda una serie de indicios y herramientas para que él mismo pueda usarlas después, cuando ya no recuerde nada.

Dick también exploró el tema de la identidad a niveles de maestría mediante la idea de los robots y la inteligencia artificial. Las máquinas no sólo se rebelan sino que dominan y oprimen a los hombres ("Llamada de servicio"), y hay androides tan bien hechos que ignoran serlo, como en la novela *¿Sueñan los androides con ovejas eléctricas?,* que Ridley Scott filmó como *Blade runner,* o en el relato "El impostor", filmada por Gary Fleder, que trata de Oldham, a quien acusan de haber sido asesinado y suplantado por un androide espía, idéntico a él, a quien se le injertó una bomba apocalíptica. Llevan a Oldham a la Luna para despedazarlo y desactivar la bomba. Él escapa y se ve en el horror de tener que demostrar que es un ser humano y no un robot asesino, pero el pobre sí lo es, y sólo lo comprende cuando dice las palabras que activan la bomba injertada en él y una explosión cataclísmica aniquila todo. Es como una película de Hitchcock al revés.

En "La segunda variedad", a su vez tristemente adaptada al cine por Christian Duquay con el título *Screamers*, se inventan unas feroces máquinas cibernéticas con navajas y garras que se perfeccionan y se desarrollan hasta convertirse en androides de distintos tipos que ya no están con ningún bando sino contra todos. Hubo cuatro variedades de ellos. Los de la primera parecían ser un soldado enfermo, quien pasaba con facilidad a las bases militares y ahí se multiplicaba en clones al infinito y destruía todo. Lo mismo hacían los de la Tercera Variedad: niños con su osito de peluche que daban lástima. La Cuarta eran soldados que parecían comunes y corrientes, así es que de pronto ya estaban dentro. Pero nadie sabía cuál era la Segunda Variedad, una androide tan perfecta que el protagonista no reconoce como máquina, confía en ella y le da la información para llegar y exterminar a las bases terrestres en la Luna. Dick decía que este relato quintaesenciaba la cuestión: ¿qué es lo humano, quién lo es y quién lo simula?

En Dick la realidad y el tiempo siempre son relativos, una cuestión de percepción. Tanto las conductas de la gente como los sistemas políticos subsisten porque de plano borran o reconfeccionan la memoria e imponen realidades ficticias. La libertad por lo general se limita o de plano se suprime a través de lo ilusorio, mentiras y huecos mitos. Este mundo y los demás son una ilusión, una sombra, una ficción, como en la novela *Tiempo desarticulado*. De hecho, en gran parte de los relatos (como "Humano es" o el cruel "Una incursión en la superficie"), la incertidumbre domina, y Dick asienta así sus bases taoístas, budistas, platónicas, epicúreas, cristianas, nietzscheanas y junguianas.

Philip K. Dick escribió tantos cuentos que en verdad sació los apetitos de su imaginación y pudo explorar temas clásicos, como los viajes. De los espaciales hay numerosas muestras, pero a mí me parece magnífico "El señor nave espacial", donde un viejo científico dona su cerebro para que se injerte en la computadora de un gran vehículo experimental y así vive a través de la máquina, a la cual por supuesto maneja como quiere y no como se había programado. De los viajes en el tiempo me entusiasma "El hombre variable", sobre un milusos muy inventivo de principios del siglo veinte que arregla lo que sea. Por un error lo transladan al siglo veintidós, en medio de una guerra contra Centauro, en la cual la Tierra confía triunfar con un proyectil que al rebasar la velocidad de la luz virtualmente desaparece, se vuelve indetectable, y al llegar a su destino reemerge en el plano físico, entra en colisión con la materia ahí existente y explota con una fuerza devastadora. Como esa arma aún no se perfecciona, las computadoras, importantísimas para pronosticar las posibilidades de victoria, se desquician pues no tenían programado un factor como la aparición de alguien del siglo veinte, quien entonces se vuelve "el hombre variable". "Desayuno en el crepúsculo", por otra parte, el tiempo se retuerce de tal modo que al desayunar en paz en casa con la familia de pronto la violentísima tercera guerra mundial irrumpe en la intimidad.

Dick observa la guerra, otro gran tema de ciencia ficción especialmente en los 1950, desde distintos ángulos, pero siempre, como buen miembro de su generación, con un espíritu pacifista y antibélico. Varios cuentos ofrecen escenarios apocalípticos después de una guerra nuclear. Además del tema, ahora muy exprimido en el cine, del viaje al pasado para modificar la dictadura de las máquinas del "presente" que para el lector es el futuro (como en "El molde de Yancy", que resultó la base de la novela *La penúltima verdad*), también surge el gran filón de los mutantes ("El hombre dorado" o "Llamada de servicio"), que especula en las posibilidades de la evolución física de la humanidad y que después se popularizó en las novelas gráficas y ahora en el cine.

Dick escribió todo esto en los años 1950, antes de Asimov, Arthur C. Clark, Frank Herbert o Stan Lee. También, como Bester, se adelantó mucho en el tema de la telepatía y, antes de William Gibson, exploró las computadoras, el ciberespacio, la realidad virtual. Sin embargo, en sus relatos Phil Dick apenas esbozó la cuestión de la locura, la esquizofrenia, las enfermedades y peculiaridades mentales, o las deficiencias y deformaciones físicas, al igual que la invención de todo tipo de drogas y religiones insólitas. Eso vendría después, en las novelas de las dos décadas siguientes, aunque Dick cuenta que se le ocurrió "Prescindible", un cuento sobre la deshumanización que no respeta la vida, cuando "una mosca me zumbaba por la cabeza y yo imaginé que se reía de mí". En "Entrometido" la curiosidad mata; es un relato pesadillesco, intenso y febril, de final contundente. "Colonia", a su vez, muestra objetos con vida propia que se confabulan para exterminar a los humanos. "Es el colmo de la paranoia", comentaba Dick.

Entre tantos relatos las altibajas son inevitables. Algunos fallan o se logran a medias, pero, de cualquier manera, los ciento veinte de los cinco volúmenes se leen con gran interés y, por supuesto, muchos son excelentes y varios excepcionales, además de que contienen el fervor, entusiasmo y la maravillosa intuición de la juventud. A los ya mencionados, hay que añadir "Autofac", texto pionero en la literatura ecológica; "Lo irreconstruido", sobre lo falso y las falsificaciones, otra variedad del tema de lo ilusorio; "El último de los maestros", en donde un robot es una réplica de Jesucristo; otro muy bueno, también de robots, "Intento de venta", es ultradark, desolador y parecería escrito ahora, cincuenta años después. Otro cuentazo es "Pueblo chico", un texto muy extraño en el cual un fracasado se transforma en vehículo de la muerte.

Casi todos los textos de Phil Dick son parabólicos. La fachada atrae, incluso impacta, pero lo decisivo nunca es visible. En el fondo, su gran tema es la exploración del alma, lo humano, lo real y lo desconocido. Como se sabe, Dick iba y venía de la locura, constituía un caso *borderline* que vivía entre conflictos reales y "virtuales" con las mujeres, las drogas y las autoridades. Sin embargo, para fines prácticos, esto encontró una *via regia* de salida a través de grandes novelas y nuevos "cuentos extraordinarios" que se acomodan muy bien entre los mejores del siglo veinte.

Confabulario, 2007.

Forever Jung

A Pedro Moreno

En 1967 el *I Ching* me introdujo a Carl Gustav Jung, quien pro-
logó la versión en inglés de la increíble traducción que Richard
Wilhelm hizo del gran clásico chino. Jung y Wilhelm también
trabajaron juntos en el libro de alquimia china *El secreto de la flor
de oro*, que Wilhelm tradujo y para el que Jung escribió un extenso
comentario psicológico del que me atrajo irremediablemente el
estilo, los conocimientos, la sabiduría y la erudición del psicólogo
suizo; también su rigor científico en medio de lo poético, profético y orientalista.

Así es que decidí seguir leyéndolo a través de *Recuerdos, sueños,
pensamientos*, una de las autobiografías más insólitas que se han
escrito. En ella, Jung prácticamente no habla de su vida privada
ni social, ni de su carrera, sus libros o de grandes personajes, salvo de su relación con Freud, y como el título indica se trata más
bien de una estratégicamente controlada selección de momentos
de su vida interior. La escribió casi a los ochenta años de edad.

"Es una autobiografía del inconsciente", decía. Hay sueños sensacionales, como algunos que tuvo de niño: un enorme falo, con un ojo en la parte superior, instalado en un trono; o avanzar en un mar de oscuridad cerradísima iluminado apenas por una frágil velita, que él después reconoció como su conciencia. También habla de su niñez y sus años de estudiante, de sus inicios en la psiquiatría y de sus viajes a Estados Unidos, África septentrional y la India. Incluyó asimismo unos poemas bastante herméticos, "Los sermones a los muertos", cuya imaginería simbólica me recordó a William Blake.

Estos poemas se entienden mejor al leer la parte que trata sobre la vida después de la muerte en su autobiografía. En 1944, Jung sufrió un ataque cardiaco que parecía mortal. Mientras su médico luchaba por salvarlo, él se llenó de visiones y se vio en el espacio, contemplando fascinado la Tierra, sus océanos y continentes. Después vio que se acercaba un pequeño meteorito, una piedra enorme, más grande que una casa, ante la cual comprendió, no sin dolor, que su vida terrenal se quedaba atrás, porque en la piedra había una puerta en la que un hindú vestido de blanco lo esperaba en posición de loto. Adelante se hallaba una antecámara llena de nichos iluminados por velas, como en los templos de Ceilán, que antecedía a una gran sala llena de luz; ahí estaba la gente a la que en verdad él pertenecía y la que le explicaría por qué su vida fue así, por qué tuvo esas ideas, qué seguía entonces.

En ese momento vio que de Europa venía su médico, en su forma primordial de basileo, o rey de Kos, quien le dijo que no tenía derecho a dejar el mundo y que debía regresar. La visión cesó y Jung logró salvarse, pero se puso furioso; ya casi entraba en el templo de luz y ahora volvía a una vida artificial, una prisión. Además, debía convencerse de que eso era importante y, lo peor, que lo lograría. Estaba furioso también con su médico, que lo había salvado sin saber que moriría sin falla. "Todo aquel que asume su forma primordial fallece", repetía. Todos creían que deliraba, pero a los tres meses el médico murió sorpresivamente. Durante su convalescencia, de día Jung detestaba la vida, pero en las noches tenía visiones extáticas de bodas celestiales, cabalísticas, el *hierosgamos* de Malkut con Tiferet, el del Cordero Divino o el festín matrimonial de Zeus y Hera. Él asistía intoxicado de éxtasis, como san Juan de la Cruz. Finalmente volvió a la "normalidad" y durante los casi veinte años que le quedaron de vida escribió varios de sus libros más importantes.

Pues yo ya estaba clavadazo con el buen Jung y le entré de lleno a sus libros. Primero *Psicología y alquimia*, porque la cuestión alquímica me intrigaba intensamente desde que leí *The black arts*, de Richard Cavendish. Una noche Jung soñó que en su casa se abrían nuevas estancias llenas de libros, y ése fue el aviso de que iniciaría sus investigaciones sobre la alquimia, de la cual llegó a tener una de las bibliotecas más completas y valiosas de todos los tiempos. *Psicología y alquimia* es un librazo que empieza con un impresionante estudio sobre el cristianismo. Después Jung analiza los sueños de un hombre joven, culto, que reproducen las vías iniciáticas de la alquimia, sus mecanismos más complejos (lo oscuro a través de lo oscuro) y la obtención de la piedra filosofal, símbolo de la cristalización del proceso de individuación y sus poderes correspondientes. Para él, los alquimistas proyectaban sus contenidos psíquicos en la materia química y así se descubrían a sí mismos. La tercera parte es un análisis más técnico de símbolos fundamentales de la alquimia.

Me seguí con *Símbolos de transformación*, libro motivado por otro sueño que llevó a Jung a la idea del inconsciente colectivo. Se hallaba en la planta superior, moderna y elegante, de una casa de dos pisos; descendió al primero y éste era igualmente bello, pero más viejo, como de cinco siglos atrás. Bajó después al sótano, más antiguo aún, y ahí encontró el acceso a otras escaleras que lo llevaron a una bóveda subterránea, muy bien hecha, de la época de los romanos. Encontró entonces una escalinata de estrechos y oscuros escalones de piedra, y por ella descendió aún más hasta una caverna prehistórica, en la que vio huesos y trozos de alfarería. Este sueño le revivió el interés por la antropología y la arqueología, lo cual lo llevó a ahondar sus ya densos conocimientos de los grandes mitos universales, así es que estaba listo cuando se enteró del célebre caso de Miss Miller, una estadunidense de principios del siglo XX cuyas fantasías se hallaban impregnadas de elementos mitológicos. Sin conocer a la joven, o sea: sin transferencias, a través de sus materiales estudió la psique femenina y la importancia que en ella tiene la figura del héroe, pues éste representa el alma, o animus, de la mujer; por eso, en *Símbolos de transformación*, Jung esbozó la idea del inconsciente colectivo y los arquetipos. Pasé entonces a *Tipos psicológicos*. En este mapa de la mente humana, el inconsciente en parte puede ser consciente y la conciencia inconsciente también en alguna medida; el ego, o yo, constituye el centro de la conciencia, pero no de la psique total. Las principales funciones psíquicas son la razón, la intuición, la sensación y el sentimiento; y de ellas Jung derivó tipos psicológicos que se combinan y son universales. Para mí, éste es el libro más arriesgado del maestro, porque todas las tipologías tienden al esquematismo por más que se trate, como hizo él, de matizar al máximo.

Para entonces sabía que después de graduarse como psiquiatra Jung diseñó la prueba de la asociaciones de palabras y para medirlas utilizó el galvanómetro con un sistema que se volvería la base del detector de mentiras y de grandes avances en la criminología. Estos experimentos le permitiron descubrir la existencia de complejos en la psique y escribir sus *Estudios sobre la asociación de palabras*. Antes, en 1902, ya había publicado *Sobre la psicología y patología de los llamados fenómenos ocultos*. Estos libros lo acercaron a Sigmund Freud, quien, como se sabe, era combatido ferozmente por sus colegas a causa de su interés por los sueños y el inconsciente, y por la hipótesis de que la mayor parte de los problemas psíquicos tienen un origen sexual, usualmente en la niñez, por lo cual inventó el psicoánlisis para cazar traumas a través de sueños y otras técnicas.

Freud y Jung colaboraron intensamente durante diez años e incluso el viejo maestro lo llegó a nombrar su "heredero espiritual". Sin embargo, se distanciaron a partir de un viaje a Estados Unidos en el que se analizaban los sueños mutuamente; una vez Freud se negó a dar los datos de su vida personal que Jung le pedía para analizar un sueño debidamente, y al final, de la manera más sorpresiva, se desmayó en brazos del heredero. No tardó en hacer erupción un pleito espectacular, en el que preponderó "el principio del placer" y que los condujo a la ruptura definitiva y a la escisión de la Asociación Internacional Psicoanalítica. Este chisme se puede leer con todo su jugo en *The Freud / Jung letters*.

Ya sin figura paterna, Chuck Jung pasó por una serie de sueños terroríficos que le generaron una profunda inestabilidad, así es que su autoterapia consistió en hacer hatha yoga, trazar mandalas, construir casitas con piedras da la orilla del lago y confrontar al inconsciente a través de una carretera que llamó "imaginación activa", una especie de autoinducción que empieza con un diálogo a fondo con uno mismo; después se imaginan partes profundas hasta que se llega a ellas. También anotó sus visiones y fantasías en los que llamó el *Libro Negro* y el *Libro Rojo*, en los que hacía bellos dibujos y mandalas.

Las diferencias más profundas entre Freud y Jung se centraron en que el joven no aceptaba el "dogma de la sexualidad" y, en cambio, se interesaba mucho por los mitos y la religión, así es que con el tiempo Jung escribió los ensayos que ahora componen *Psicología y religión: Occidente y Oriente*, que me hicieron entender, o eso creo, el cristianismo: la trinidad, los dogmas, los rituales. Vi entonces la religión desde una perspectiva completamente distinta. Casi al final de su vida Jung publicó la formidable *Respuesta a Job*, en la que se refiere a la naturaleza patriarcal del cristianismo y a la importancia que tuvo el dogma de la Asunción de María, en 1954, pues para él equivalió a que la trinidad se volviera cuaternidad al admitir lo femenino en lo divino. La ya próxima e inevitable admisión de que las mujeres puedan acceder al sacramento del orden sacerdotal y por tanto a la escala de la jararquía eclesiástica sería un efecto del dogma de la Asunción de María.

La parte oriental de *Psicología y religión* contiene ensayos deslumbrantes sobre el budismo, el taoísmo y el zen, como los formidables comentarios psicológicos al *Libro tibetano de los muertos*, al *Libro tibetano de la Gran Liberación* y al *Secreto de la flor de oro*. Su interés por el yoga y la sabiduría oriental se activó desde que empezó a colaborar con Wilhelm y esto lo llevó a utilizar el hatha yoga, el dibujo de mandalas, el *I Ching* y la astrología en sus terapias. Advirtió entonces que en estos oráculos un hecho subjetivo (una pregunta personal o el tipo psicológico de una persona) se sincroniza sin razón visible pero sin falla con un hecho objetivo (el *Libro de los cambios* mismo o la posición de los planetas en un momento dado). De estos, tan distintos, oráculos, y de hecho de todos los sistemas adivinatorios, Jung concluyó el principio de la sincronicidad, que complementa al de la causalidad al plantear la realidad de fenómenos sin causa aparente, con lo que le dio legitimidad a lo que parece absolutamente irracional y que sin embargo ha fascinado a la humanidad en toda su historia.

Una lectura clave para mí, a fines de los sesenta, fue *Dos ensayos de psicología analítica* (Alianza lo publicó como *El hombre a la busca de su alma*), de 1943, una suerte de síntesis de todas sus ideas generales en cuanto a la importancia de los sueños, las visiones y las proyecciones para observar los complejos, los arquetipos y el inconsciente colectivo, que existe en los seres humanos en todos los tiempos y lugares, y que produce la aparición de los mismos símbolos y conductas en las culturas del mundo desde el surgimiento de la humanidad. Resulta un libro raro en la obra de Jung porque él siempre se negó a las síntesis, condensaciones o simplificaciones de sus ideas, pero éste le salió muy bien.

Estos temas los desarrolló en *La estructura y dinámica de la psique* y en *Los arquetipos y el inconsciente colectivo*. Los dos son mucho más técnicos y, como en otros libros, para probar o dar

117

un marco de referencia Jung despliega una erudición que a veces abruma. En ocasiones hay más pies de página que texto, y citas en griego, latín, hebreo, no se diga inglés y francés, lenguas en las que escribía como si le fueran propias. Estudia también la energía psíquica, la estructura y la naturaleza de la psique, la cuestión de lo hereditario y los sueños. Bueno, de los sueños habla en casi todos sus libros. También expone los principios de su sistema terapéutico, que llamó psicología analítica para diferenciarlo del psicoanálisis freudiano y que le resultó muy exitoso, especialmente entre mujeres, varias de las cuales llegaban como pacientes y se quedaban en calidad de asistentes y discípulas, como Aniela Jaffé, Marie-Louise von Franz o Jolande Jacobi, brillantes autoras y las primeras junguianas. Así surgió una escuela que después se ha ido extendiendo, sin prisas pero sin pausas, como decía Goethe, en todo el mundo. Jung siempre ha sido *underrated*, pero de cualquier manera, influenció a grandes pensadores como Joseph Campbell, Mircea Eliade y Erich Neumann.

La hipótesis del inconsciente colectivo lo llevó al sí-mismo (*Selbst* en alemán o *self* en inglés), el centro verdadero de la identidad que está más allá del ego. Abarca la conciencia y el inconsciente, y es centro y circunferencia, a la vez, de la psique. Es lo divino en el ser humano y por eso lo representan mejor Cristo, Buda o mandalas, como el sensacional Sri Yantra. Abro un paréntesis porque el término "sí-mismo" me parece irremediablemente insatisfactorio, aunque es lo más cercano a *self* o *Selbst*. Ya con el paréntesis cerrado sigue entonces un sistema para llegar a uno mismo: el proceso de individuación, en el cual el ser se integra, deja de estar fragmentado o poseído ("yo es otro", como descubrió

Rimbaud, o "me llamo Legión, porque somos muchos", como le dijo el endemoniado a Jesucristo). Se transmuta en un individuo. Ya no está dividido, o puede equilibrar y armonizar las partes, algunas autónomas, que lo componen. El tema está desarrollado a fondo en *Aion*, subtitulado "Investigaciones en la fenomenología del sí-mismo", otro libro bastante denso.

Pero éste lo leí hasta 1978, cuando, en la Universidad de Denver, pedí las *Obras completas* de Jung. Me llegaron los veinte tomos y le fui entrando a lo que no conocía, como la parte más médica del principio: *Estudios piquiátricos*, que incluye su primer libro sobre los fenómenos ocultos; *Investigaciones experimentales*, en el que presentó los estudios sobre la asociación de palabras que lo dieron a conocer, y *La psicogénesis de la enfermedad mental*, que se concentra más en la esquizofrenia. Estos libros me ofrecieron un Jung distinto, joven, más científico, pero ya muy sesudo, empírico y riguroso. Di un tremendo salto en el tiempo y me pasé a la continuación de los estudios sobre alquimia, *Estudios alquímicos* y *Mysterium coniunctionis*.

Me interesaron especialmente los ensayos de *El espíritu en el hombre, el arte y la literatura*. Hay maravillas ahí, como los ensayos sobre Paracelso, y textos muy controversiales, como los de Joyce y Picasso. Jung aclara que su punto de vista no es estético sino estrictamente psicológico, y procede a diseccionar con brío los rasgos psicóticos de *Ulises* y de algunos cuadros de Picasso. Como a Freud, a Jung le interesaba mucho la filosofía, y lo apasionaban, con las reservas debidas, las ideas de Nietzsche. También el arte, especialmente la literatura. Además, como no queriendo darle importancia, decía ser descendiente de Goethe, se sabía largas partes de *Fausto* de memoria y lo citaba con frecuencia; pero sus novelas favoritas eran las que le resultaban vehículos del inconsciente, como *El gólem*, de Gustav Meyrink, para él una extraordinaria metáfora del proceso de individuación; o *Ella* y *El retorno de ella*, de Rider Haggard, porque, al igual que *La Atlántida*, de Pierre Benoît, ilustran a la perfección al arquetipo del ánima. Por cierto, las novelas de Rider Haggard y Benoît son parecidísimas. Hubo mutuas acusaciones de plagio, pero resultó que las habían escrito al mismo tiempo, uno en Inglaterra y otro en Francia, así es que no había plagio pero sí una tremenda sincronicidad.

Jung ya era una figura cotidiana de mi vida, como una encarnación con tapas de libro del arquetipo del viejo sabio, que abarca al mago alquímico y al gurú. Y al cómplice, de alguna forma, porque de él me vino la idea de "pagarle impuestos" a mi lado yin. Varias veces he soñado con Jung. En una ocasión estábamos en un cine, viendo *El último hombre*, de Murnau, y él me comentaba en susurros la película. En otra, sensacional, me regaló sus monedas con las que consultaba el *I ching*. Durante años leí los volúmenes que me faltaban de las *Obras*, espléndidamente editados por William McGuire, como *Civilización y transición*, que abarca la psicología social; *La práctica de la psicoterapia* y el penetrante *El desarrollo de la personalidad*, enfocado en los niños pero también en los adultos y en la relación psicológica del matrimonio. En *La vida simbólica* están prólogos, artículos, presentaciones, polémicas y demás obra miscelánea.

También fui leyendo libros aledaños, como *Jung speaking*, con entrevistas, artículos y textos sobre él, incluyendo uno muy bueno de Victoria Ocampo, quien lo conoció en 1931 y le preguntó si no le gustaría ir a Argentina a dar conferencias. "¿Para qué?", replicó Jung, "no les interesaría, no me entenderían." Todo indica que tenía razón, porque en Argentina son orgullosamente lacanianos y tienden a descalificar al buen Jungcito. En *Jung speaking* están también los formidables "psicoanálisis de los dictadores" (Mussolini, Hitler y Stalin) y su respuesta ante los ataques de que colaboró con los nazis.

A fines de los años cuarenta se creó en Nueva York la Fundación Bollingen, dedicada a Jung, quien vivía en Bollingen, Suiza. Ésta se encargó de la edición de las *Obras completas* y además creó las valiosas Bollingen Series, que desde entonces edita la Universidad de Princeton con un catálogo impresionante, incluida la versión de Wilhelm del *I Ching*. La Fundación otorgó un premio de poesía y la primera emisión, 1949, le correspondió a Ezra Pound, en ese momento acusado de traición por apoyar al enemigo en la guerra, por lo cual fue declarado insano y remitido a una clínica con su debida Big Nurse. El premio a Pound en esas circunstancias no le gustó a varios y acusaron a Jung de nazi, antisemita y parte de una conspiración para preparar "un nuevo autoritarismo".

La verdad es que Jung dio motivos para el malentendido porque, como él mismo reconoció, Hitler le fascinó en un principio ya que lo vio como una encarnación de Wotan, un hombre poseído por un arquetipo que sacó a la superficie un pasado de barbarie supuestamente bien sepultado. Tardó, pero desde 1936 pintó su raya cuando los nazis lo presionaron para que se dejara manipular como director de la Asociación Internacional Psicoanalítica. Según él, había continuado dirigiéndola porque así pudo sacar de Alemania a varios científicos y humanistas judíos. A partir de

1936 planteó con fuerza sus críticas a Hitler, al nazismo, el fascismo y el estalinismo, pero el estigma nunca se borró del todo. Hace unos años estuve en Ginebra con el ya fallecido escritor Nicolas Bouvier y le comenté que me parecía que Suiza ignoraba a Jung. Ni calles ni bustos ni referencias entre los grandes suizos en la literatura oficial o turística. Bouvier me explicó que a esas alturas era ridículo acusar a Jung de pronazi y que de hecho nadie lo hacía, pero de alguna manera había quedado en el aire la idea de ignorarlo. Mal karma del maestro.

He leído también otros libros de los muchísimos que hay sobre Jung, entre los que no podía faltar El Desmitificador: *The haunted prophet*, de Paul J. Stern, una biografía-chisme, la cual cuenta que (como García Márquez, quien conoció a su esposa Mercedes cuando ella casi era una niña aún y le dijo: "Espérame, regreso por ti dentro de unos años") Jung vio a Emma cuando ella era una ninfeta, le avisó que iban a casarse y, en efecto, siete años después lo hicieron, él de veintisiete y ella de veinte. Con el tiempo, las relaciones entre los dos se enfriaron, dice Stern, porque Jung era un macho suizo ilustrado y además misántropo, así es que se recluía en su torre de Bollingen, en la que no había teléfono ni luz eléctrica, y por tanto fue un padre lejano de sus hijos, que eran "semihuérfanos", llora el cocodrilo Stern. Esto, que por supuesto no está fundamentado, no se lo creo por el más más mínimo sentido común, aun considerando casos significativos como el de Gabilondo Soler, Cri Cri, quien cantó como nadie a los niños pero no fue un padre afectuoso. Por si fuera poco, sigue Stern, Junguetas se ligó a una de sus pacientes, Toni Wolff, a quien tuvo el descaro de imponer en su familia como "la tía Toni" cuando más bien era su "doncella casadera" y ya le había puesto una "casa chica" bastante cerca de la "grande". Hasta que Toni Wolff murió, en 1953, Jung vivió un triángulo amoroso muy peculiar. Stern sugiere que a la larga Emma Jung y Toni Wolff acabaron desencantadas con el *witch doctor*, pero jamás dieron el menor signo público de esto, en cambio escribieron varios ensayos sobre él o basados en sus ideas, y el matrimonio con Emma duró hasta que ella hubo fallecido.

Stern estudió bien a Jung pero desde un principio partió de la idea de desmitificarlo, "desenmascararlo" o simplemente de montarse en su celebridad como parásito en cuerpo ajeno y ejercitar una variación de vampirismo. En todo caso, lo presenta como un psicótico y deshonesto que le sacaba dinerales a sus ricas pacientes; lo acusa de falso y adulador, pero intimidante en consultas, conferencias o congresos, para desalentar toda crítica. También minimiza sus logros y todo el tiempo emplea un estilito que pretende ser irónico y que descalifica lo que está biografiando. Pero bueno, como se dice, "que hablen, aunque sea bien", pues toda desmitificación fortalece, de hecho es indispensable, al mito; en el fondo, lo que han vivido los grandes hombres es interesantísimo y fortalece las obras, que es lo decisivo sin duda.

Como Freud, Jung fue un escritor, orador y polemista excelente. De hecho, una paciente que tenía una fuerte transferencia con él lo puso a girar muy duro cuando le dijo que más que psicólogo era poeta. Él mismo, cuando hacía mandalas, construía casitas junto al río o escribía sus libros Negro y Rojo para "confrontar el inconsciente", de pronto se preguntó: "¿Qué estoy haciendo? Esto ciertamente no tiene nada que ver con la ciencia." "Es arte", le susurró una voz interior, pero él se contestó con firmeza: "¡No, no es arte! Al contrario, es naturaleza." Pero, bueno, ¿el arte no es naturaleza?

Sin duda Jung fue un científico duro en cuanto al rigor, y por eso es tan valiosa su incursión en lo religioso, lo espiritual y lo esotérico, ya que siempre estuvo anclado en la comprobación de las cosas y despejó estos campos de toda charlatanería y seudomagia. Investigó los símbolos, los mitos y los sueños con una mente lúcida, desapasionada, cultísima, y los interpretó con un lenguaje claro y exacto. Además, fue un pionero en la investigación de la psique y uno de sus grandes cartógrafos. Aunque muchos dicen que en los comienzos de este milenio el psicoanálisis va de salida, yo pienso que las propuestas de Jung apenas se empiezan a entender y a valorar. Nació en el siglo XIX y vivió sesenta años del XX, pero sin duda alguna es un avanzado del nuevo milenio.

Textos, 2003.

III

Cuarenta años de *Gazapo*

A Ignacio Trejo Fuentes

En la primera mitad de los años 1960 Vicente Leñero ganó el premio Biblioteca Breve con *Los albañiles* y, en muchos sentidos, preludió lo que vendría en 1965: la publicación, casi simultánea, de dos libros antitéticos pero complementarios, revolucionarios y fundacionales de la novela en México: *Gazapo*, de Gustavo Sainz, y *Farabeuf o La crónica de un instante*, de Salvador Elizondo, editadas por la Serie del Volador de Joaquín Mortiz.

Hasta donde sé (pero si la riego ahí está el plumil corrector de Sainz), aunque *Gazapo* se publicó ese año, había sido terminada antes. Se llamaba *Conejo extraordinario*, nombre que se cayó cuando apareció *Corre, Conejo*, de John Updike, y entonces Saint Sainz salió con el raro y afortunado título *Gazapo*, conejo joven, pero también "taimado, embustero"; en todo caso, fue con este título que el joven de la barbita llevó su agazapada novela a Joaquín Mortiz, donde la aceptaron. Pero en aquella época, más que ahora, los editores solían tomarse todo el tiempo del mundo y los libros aparecían a los dos, tres o cuatro años de la contratación. Así ocurrió con *Gazapo* y *Farabeuf*, por lo que, al menos una vez, si no es que más, Gustavo sensatamente aprovechó esa caprichosa lentitud editorial para hacer cambios y correcciones; lo que apareció en 1965 ya no fue el manuscrito original. Yo mismo tengo una de las versiones de *Conejo extraordinario*, con collages de Gustavo en la portada. La dedicatoria, típica de Sainz Fiction, es de letra muy limpia y abre veredas de rumbos sinuosos a lo largo de la página, que pueden continuar en las siguientes.

La novela de Sainz tuvo un éxito instantáneo. Hasta la fecha, cuarenta años después, sus ventas son muy buenas porque está bien vigente. Pero entonces era algo distinto en todos sentidos. La portada con la foto de la conejita difuminada por una pantalla abría el mundo adolescente, durísimo, muchas veces cruel. Un túnel oscuro y larguísimo que se hace fácil por la vitalidad e inconsciencia que a esa edad se derrama, y por los amigos, apoyo decisivo en el proceso de crecimiento de Menelao, quien sale desdramatizadamente de la casa, o más bien del hacinado departamento del padre, un taxista desdibujado, donde se quedan las tías, una evangélica y otra católica, la abuela senil y las espiadas a la linda Gisela al bañarse. Menelao se va a vivir al departamento polvoriento de su mamá, quien nunca aparece porque le debe a medio mundo, y ése es el escenario fonqui de la seducción sin prisas de Gisela, la "historia de amor" y eje de la novela. Como sublíneas están los amoríos de Vulvo y Nácar, una chava a quien nadie ve y que sólo existe a través de lo que él cuenta; y la relación, mucho menos desarrollada, de Mauricio y Bikina. Qué nombrecito. Esto subraya la importancia del amor en el proceso de crecimiento e independencia, pues la pareja proporciona el apoyo emocional que daban los padres, además de que erotiza toda la novela a través de la conquista de Vulvo y de la paciencia amorosa de Menelao, quien quisiera eternizar cada instante. A Vulvo le encantaría cogerse a Nácar lo más pronto posible, pero Menelao no tiene ninguna prisa por poseer a Gisela.

Lo que ocurre siempre es muy relativo. A veces, rashomonianamente, es una versión que después alguien cuenta de otra manera; o se trata de grabaciones o diarios hechos por Menelao, Gisela o alguno de los personajes metiches; o quizá se trate de una narración de cuarta o quíntuple generación, pues alguien cuenta lo que refirió otro a quien se lo transmitió uno que lo oyó de un testigo presencial pero distraído y lejano de los acontecimientos. Las cosas ocurrieron así o quizá no. Quizá ni siquiera tuvieron lugar y son puras fantasías elaboradas. El tiempo entonces se desarticula, va y vuelve, se repite, pierde linealidad, tiende a lo concéntrico, al eterno retorno y difumina los bordes de la realidad y la ficción. Esta relatividad crea un espacio mítico, un no-tiempo, el del rito de iniciación que se repite inexorable, consciente o no, de hecho casi siempre inconscientemente, en todo joven de esa edad en cualquier parte del mundo y de cualquier época.

Además de la estructura no-lineal y de la relatividad de lo narrado, el lenguaje es el gran protagonista. Sainz es experto en el habla coloquial, precisamente porque no la evade sino que la maneja con precisión y la vuelve intensa materia literaria. La narración, *cool*, contenida, es rica en detalles; de todo se dice sólo lo indispensable pero con una eficacia llena de "sabor". Abundan los cortes abruptos, las elipsis y la ambigüedad, pero, si es necesario,

Sanx Sainx se detiene y se toma todo el tiempo del mundo. Por otra parte, los nombres son muy divertidos, como Tricardio, Madhastra, Mochatea, Menelao-Menelado-Melenas-Melameas-Melachupas y Bikina. O Vulvo, nombre increíble, transgresor y retador, pero cuya originalidad, tanto como la gracia del personaje, lo hacen aceptable, como Sarro en *Obsesivos días circulares*. Sarro. Carajo. Son parte de los detalles que enriquecen, como la riqueza de albures, muchos buenísimos, como Medallas el Hojalatero o, ¿sabes remar?, pues vete remando a la chingada. Hay más: el Pelón me preguntó que cuándo vas a darle sus *Ovaciones* y su mascada; y ¿sabes remar? pues remámame los huevos; huele a pedo, no, a cosaco; sí, yo soy el que entierra la vela, es mas largo que un entierro. Todo esto crea la credibilidad, naturalidad y autencidad del relato, cuya estructura e infinitas versiones matizan continuamente; parece algo sencillo pero no lo es para nada. A esa capacidad e inventiva de ordenar con precisión los materiales se añade un estilo que fusiona economía y contención, fluidez y amenidad, rigor y soltura. Sainz no copia, no es taquígrafo de "lo real", al contrario, transmuta el habla oral en una inteligente y provocativa expresión literaria. La escritura, limpia, económica, pulcramente vigilada, busca y obtiene el lenguaje justo, y así a la vez da humor, ironía y diversión en grande. *Gazapo* encuentra un raro equilibrio entre lo real y lo literario. Compleja, elaborada, sofisticada, artística, a la vez es natural, auténtica, disfrutable.

Con el tiempo, *Gazapo*, como pilón o *bonus track*, ha servido para reconstruir una época, la ciudad de México de fines de los cincuenta y principios de los sesenta; los paseos por gran parte de la capital crean una atmósfera de eternización del momento, como en *Farabeuf* pero de una manera muy distinta; por eso el libro termina diciendo: "De esa época conservo algunas fotografías." Además, *Gazapo* fue parte del raro fenómeno de una narración de la juventud desde la juventud, con la correspondiente autenticidad, cambios de temas, lenguaje, tonos, situaciones y concepción de la literatura. Esta novela generacional expandió el núcleo de lectores en beneficio de la cultura en México. Sainz, bastante consciente de lo que hacía, planteaba sus puntos de vista firme, belicosamente. Desacralizó a la cultura, la actualizó y la hizo más ágil e inteligente. Conocía el medio y sabía cómo darle empujoncitos promocionales a su obra, por lo que nunca rehuyó ninguna forma de publicitación que rebasara los tradicionales mecanismos del Establishment. Todo eso convirtió a *Gazapo* en un fenómeno cultural especial, muy importante para el inicio de "la nueva sensibilidad". En 1968 la juventud tuvo tal peso en la vida nacional que Revueltas abjuró el dogma del proletariado como vanguardia de la revolución. Esa vez, al igual que en Francia, Checoslovaquia o Estados Unidos, los estudiantes fueron "la descubierta" de una creciente insatisfacción universal y de un llamado a la humanización.

Como decía Fereydoun Hoveyda, las cuarentenas son críticas, puntos decisivos, pero en sus cuarenta años *Gazapo* sigue entera, viva, tierna y divertida, desafiante y cordial, estimulante y reflexiva; documenta los tiempos del desarrollismo, del sueño mexicano de "todo es posible en la paz", el de "De esa época conservo algunas fotografías". Pero sigue siendo esencial el tema del paso de un joven que se separa del núcleo familiar para vivir por sí mismo, frecuentemente con la ayuda del amor; es lo eterno, arquetípico, clásico, aunque Menelao no parece tener relación simbólica con el de Homero. ¿O sí? *Gazapo*, además de recrear y fijar con énfasis el tiempo, reinventa el mito del ritual de iniciación a la madurez desde dentro, en medio de su condición sagrada y su cotidianeidad, lúdica y dionisiacamente, como en Eleusis, con humor, ingenio, inteligencia, malicia y pequeños toques de perversidad. Y mexicanidad. Por eso es un gran clásico de nuestra literatura.

Texto leído en la celebración de los cuarenta años de Gazapo,
Feria del Libro del GDF, *2005.*

Los relatos breves de José Revueltas

A Gerardo de la Torre

En 1958, cuando tenía catorce años, cayó en mis manos *Los muros de agua*, el primer libro de José Revueltas. La unión de personajes marginales y de presos políticos en el penal de las Islas Marías, así como la intensidad narrativa de la novela, me impresionaron tanto que quise saber más sobre el autor. Supe entonces que José era hermano de la actriz Rosaura, del pintor Fermín y del compositor Silvestre Revueltas. Comunista empedernido, durante su adolescencia fue a dar a un reformatorio, lo que le dio tema para su primera novela, que perdió en una estación de tren. Bebía con alcances malcolmlowrianos. Me costó algún trabajo, pero conseguí las novelas *El luto humano* y *Los días terrenales*, más los cuentos de *Dios en la tierra*. Dos años después, Ficción Veracruzana publicó *Dormir en tierra* y, en 1963, el Fondo de Cultura sacó *Los errores*.

Estos seis libros constituían una obra solidísima, para mí Revueltas era, sin duda, uno de los autores mayores de la literatura mexicana. Para entonces ya estaba muy compenetrado con su estilo y su visión del mundo, en los que coahibitaban el marxismo, el existencialismo y una religiosidad dostoievsquiana. Sus seres brotaban de la oscuridad, untados de muerte; de atmósferas sórdidas, opresivas, encerradas o, de plano, del submundo en su condición de *underworld* y *underground*. Le gustaban las situaciones límites, definitorias, como Sartre, recurría a un cierto tremendismo y efectismo, pero lo trascendía, o más bien, lo manejaba sabiamente. Narraba desde profundidades muchas veces insondables y era oscuro, profundo y poético. Pero no se perdía en sus propios códigos porque tenía presente al lector y era capaz de sacarse de la manga excelentes historias, a veces insólitas y casi siempre bien armadas, que narraba con alta intensidad, sin importar si ocurrían en el campo, en la guerra, en barcos, en cárceles, en hogares de provincia o de clase media urbana.

Su estilo era profuso, abundante en reflexiones, de tramos largos y numerosos adjetivos, perfectamente justificados en su caso pues se convertían en matices importantes. Oscuro, profundo y poético, de finales noqueadores, tocaba el fondo de las situaciones y los personajes, a los que trataba sin el menor asomo de sentimentalismo y muchas veces sin piedad, como un solitario y terrible demiurgo, de ahí que Emmanuel Carballo dijera que la literatura de Revueltas era "horrorosamente bella".

Reflejaba la realidad con minuciosidad, desde dentro y desde afuera, y muchas veces la interpretaba en el mismo texto, que se convertía así en literatura de ideas. Como era célebre, Revueltas profesaba la fe marxista y durante muchos años de su vida militó en el comunismo mexicano desde posiciones de disidencia, fue antiestalinista en tiempos de Stalin y varias veces lo expulsaron del Partido Comunista Mexicano, e incluso de la Liga Leninista Espartaco, que él mismo había fundado. Sin embargo, en su literatura le era imposible someterse a un canon ideológico porque la doctrina le habría impedido tocar el fondo de lo que trataba. Por tanto, en *Los días terrenales, Los errores* o *El cuadrante de la soledad*, criticó profundamente el comunismo real mexicano, desde el militante de base hasta los dirigentes, lo que le trajo serios problemas con la burocracia seudomarxista y que Pablo Neruda lo viniera a regañar.

En los años sesenta era un autor único en nuestro país y su propuesta literaria no se parecía a la de nadie, si acaso hacía pensar en Dostoievski, Sartre, Faulkner u Onetti. Sin embargo, se hallaba muy mal cotizado en la bolsa de valores literarios y era vilmente subestimado, si no es que francamente vetado, por el establishment cultural de la época, que no quería saber de realismo, mucho menos crítico, en la literatura. Como se sabe, el grupo que tomó el poder cultural en los años sesenta pensaba que afuera de sus círculos todos eran retrasados mentales, anacrónicos en el mejor caso, y que su misión histórica consistía en hacerle ver al medio artístico cuál era el camino correcto, por supuesto el suyo, con lo que fomentaba una aburridísima uniformidad en el gusto y la apreciación artística. Para ellos, José Revueltas era un buen ejemplo de lo que no debía hacerse y, cuando se llegaban a ocupar de él, ya que normalmente era sometido al ninguneo, decían que "escribía muy mal".

La sensibilidad literaria cambiaba en México, como se pudo ver cuando un grupo de narradores jóvenes (Gustavo Sainz, Juan Tovar, Gerardo de la Torre, René Avilés Fabila y yo mismo)

135

coincidimos en que se trataba a Revueltas injustamente y con una definitiva falta de respeto. Escribimos artículos entusiastas sobre su obra literaria, que nos parecía a la altura de la de Rulfo, Martín Luis, Arreola o Vasconcelos, sólo que su propuesta era enteramente distinta: Revueltas arriesgaba más, porque su unicidad lo apartaba de los moldes tradicionales y representaba un serio desafío para una crítica respetable. En todo caso, a nosotros nos tocó iniciar una corriente de revaloración y a mí, en lo personal, se me encomendó la edición y epilogación de la *Obra literaria*, que en dos volúmenes publicó Empresas Editoriales, de Rafael Giménez Siles, con prólogo de Emmanuel Carballo, libro que significó el fin del ninguneo a Revueltas. A partir de entonces estuve cerca de él y vi, con enorme gusto, que en los años setenta fue altamente valorado por su obra literaria, pero también por su condición de leyenda viva, la cual se consolidó después de su participación en el movimiento estudiantil de 1968 y de su último encarcelamiento, que pavimentó su camino a la muerte en 1976.

Por otra parte, aunque las cuatro novelas, especialmente *Los errores*, me atrajeron, me inquietaron y me parecieron magníficas, no dejé de advertir que los límites del relato le caían bien a Revueltas, quien, sin perder sus profusiones oscuras y adjetivales, que venían de un espacio mítico, cósmico y bíblico, ceñía el estilo y evitaba disgresiones, aunque no se privaba de las tiradas reflexivas, o de plano filosóficas, si le parecían necesarias. El espacio breve le caía bien, porque lo depuraba en todos sentidos. A fin de cuentas, Revueltas publicó cuatro libros de narraciones cortas: *Dios en la tierra, Dormir en tierra, El material de los sueños* y *El apando*, situado en la frontera entre el cuento largo y la novela corta. En las

Obras Completas que editó Era también se encuentra *Las cenizas*, que reúne diversos materiales aparecidos en revistas y periódicos, pero que no llegaron a formar parte de los volúmenes que Revueltas preparó en vida.

Dios en la tierra apareció en 1944 y reúne sus primeros cuentos, escritos entre los veinte y los treinta años. En éste ya se encuentran, entre otros menos buenos, varios relatos extraordinarios, como el que da título al libro y que muestra a Revueltas en su modalidad "fuerte y terrible, hostil y sordo, de piedra ardiendo, de sangre helada", que conecta al arquetipo de Dios con la crítica social y que, a pesar de ser un texto juvenil, ofrece un estilo de plena madurez. De este libro también destaco "La conjetura", un relato de los que ya no se escriben, sobre marineros y, en especial, sobre el Amarillo, ancestro de Elena de *Los errores* y del Carajo de *El apando*. "¿Qué hacía ahí, por qué había nacido ese hombre? ¿Qué madre infernal lo había parido?", se pregunta Revueltas, asombrado de haber concebido un ser miserable, espantoso, que puebla varias de sus narraciones y que quintaesencia la extrema fealdad, la vileza y la inocencia. Igualmente, me inclino por "El hijo tonto" y "Cuánta será la oscuridad", en los que rigen las noches largas como túneles sin fin y domina la muerte, otro tema favorito del maestro, el cual desarrolló a fondo en su alucinante novela *El luto humano*, donde los personajes viven como muertos, en la oscuridad y la tormenta, en torno del cadáver de una niñita. "El hijo tonto" tiene mucho de esto, pero es más despiadado e incluso la esperanza se contempla con un tinte desolador. "Cuánta será la oscuridad", por su parte, es un cuento tremendo sobre la intolerancia religiosa y está muy ligado a "Dios en la tierra".

José Revueltas abrió la década de los sesenta con *Dormir en tierra*, libro de madurez, en el que aparecen relatos magistrales como "La palabra sagrada", cuento de ironía oscura que logra un profundo estudio psicológico de la clase media mexicana; en este caso un maestro se precipita al sacrificio y a la posible inmolación, y la interconexión de una sobrina y su tía abre la red de significados del texto. "La frontera increíble" es otro relato perturbador sobre la muerte, al igual que "Los hombres en el pantano", que tiene lugar en una guerra de Corea oscura y sin sonidos, donde morir a cuchilladas es "una ternura violenta y silenciosa". Por su parte, "La hermana increíble", relato perfecto, es una especie de perverso cuento de hadas sobre la maldad, la injusticia y, de nuevo, la voluntad de sacrificio. "Dormir en tierra", además de una historia redonda y una atmósfera fascinante, tipo *La mujer del puerto*, ofrece la ironía inmisericorde de un niño que odia a quien le salvó la vida. Este segundo libro de relatos de Revueltas no podía pasar inadvertido y, a regañadientes y en voz muy baja, se le reconoció como uno de los más importantes del género.

En 1969, desde la cárcel, Revueltas publicó *El apando*, una de las obras más altas de la literatura mexicana, en la que llevó su estilo a la máxima depuración y conjuntó lo mejor de sus cuentos y de sus novelas en una narración que es a la vez ambas cosas. Se trata de un texto hermético, una profusión de metáforas y símbolos, increíblemente intenso, que logra la palabra justa y se abre en múltiples significados filosóficos, políticos y estéticos. Algunos de sus planteamientos son muy interesantes, como la idea de que la sociedad es una cárcel que impide la verdadera libertad de los seres humanos; las rejas y las barras con las que someten a Polonio y Albino sugieren una "geometría enajenada", un invisible tendido de rejas sobre el mundo, tan real como las coordenadas geográficas. Por otra parte, "si afuera es igual que adentro, sólo que aquí no hay coches", claramente los policías están presos y los presos son policías, así como los que vigilan son a su vez vigilados por cabezas ladeadas, que parecen decapitadas. En *El apando* la cárcel no es sólo la física, Lecumberri, sino la metafísica, pues los personajes son prisioneros de la droga y de su propia sombra; también se refiere al tema de la rebelión a través de "la huelga" que deciden Meche y la Chata, y que culmina con la muerte de los gladiadores Polonio y Albino. Por otra parte, el que a fin de cuentas tiene alguna posibilidad de liberación es El Carajo, tullido y tuerto, ("no valía ni un soberano carajo"), ya que su madre, una vieja enorme, morena, que tiene la cara cortada y hace pensar en la Coatlicue, le proporciona la droga, la cual, significativamente, se mete en "las verijas" para contrabandearla a la cárcel. Cuando el Carajo la delata también se corta el suministro, así es que o se muere o verdaderamente acaba de nacer, como lo sugiere la escena en la que, con los esfuerzos de un parto, el tullido asoma la cabeza por el postigo y el sol ilumina su ojo tuerto.

Ya en los años setenta, poco antes de morir, José Revueltas publicó su último volumen de cuentos, *El material de los sueños*, que resultó más misceláneo pues combinaba textos y relatos. Para mí, lo mejor se encuentra en "Hegel y yo", donde el mismo Revueltas está encerrado en la cárcel con un Hegel jorobado y sin piernas, otra variación de El Carajo, y teje ideas, naturalmente hegelianas, con un humor rarísimo y corrosivo, como cuando el narrador se divierte impulsando con fuerza el carrito del amputado para que rebote contra la pared, o cuando el Fut aduce que se llevó a patadas la cabeza del que asesinó porque "cómo iba a tomarla con las manos". El cuento también se propone narrar lo inenarrable o, al menos, sugerir lo inexpresable, estableciendo una relatividad de la realidad y un formidable juego del tiempo. El final, perfecto, inesperado, sugiere muchas cosas y genera la desesperante sensación de que se ha entrevisto algo trascendente y quizá pavoroso. En realidad, "Hegel y yo" es un principio de novela, pero funciona muy bien como unidad autónoma. También es muy bueno "La sinfonía pastoral". Este thriller existencialista empalma cuatro niveles: a) la película de Jean Delannoy basada en la novela de Gide que a su vez procede de la sinfonía de Beethoven; b) el marido y la mujer que ven la película en el cine; c) el amante encerrado y congelándose en el refrigerador, y d) el autor que reflexiona. El cuento entrelaza cine, música y literatura; está cargado de suspenso y es muy cinematográfico (como para Alfred Hitchcock), pero también tiene algo de artificioso. Eso sí, se cierra muy bien cuando el marido toma el control del desenlace.

José Revueltas fue un maestro de la narración corta. Junto con Juan Rulfo y Juan José Arreola escribió los cuentos que hasta el momento significan el suelo y el techo del género en México. Esperemos que esta selección se convierta en una vía para que las nuevas generaciones descubran a este gran escritor.

Prólogo de la antología La palabra sagrada, *de José Revueltas (Ediciones ERA).*

Antologado en El ensayo literario mexicano, *selección de John S. Brushwood, Evodio Escalante, Hernán Lara Zavala y Federico Patán (*UNAM, UV, Aldus, *2001)*

OTROS TÍTULOS
DE LA BIBLIOTECA

OTROS TÍTULOS
DE LA BIBLIOTECA

Esta obra se terminó de imprimir
en el mes de noviembre de 2024,
en los talleres de Impresora Tauro, S.A. de C.V.
Ciudad de México.